잃어버린 자신감과 건강을 되찾고 싶은 40대에게
40대 다시 건강에 미쳐라

40대,
다시 건강에 미쳐라

잃어버린 **자신감**과 **건강**을 되찾고 싶은 **40대**에게

| 최원교 지음 |

북씽크

프롤로그 • 06

첫 번째 생각 : **인생반전(人生反轉)이 필요한 40대** • 12

두 번째 생각 : **일상을 행복하게 만들어주는 '긍정'**

건강의 적! 스트레스 • 28
'긍정'의 힘 • 38
시련도 고통도 이겨내는 '감사' • 47
암은 '마음의 병' • 56
인생반전(人生反轉) 프로그램 '습관' • 66
화병이 터지면 약도 없다 • 75

세 번째 생각 : **운동은 우리 몸의 활력소**

적당한 신체활동은 건강의 초석이다 • 88
근력운동의 탄력성 • 94
천천히 걷기를 몸에 선물하자 • 102
꾸준한 하체운동이 부상을 막는다 • 109
혈관 관리는 건강의 축지법 • 114
신체활동량과 허리둘레는 비례한다 • 119

네 번째 생각 : **40대를 위한 맞춤식 운동처방**

고혈압과 운동처방 및 식이요법 • 128
내장비만과 운동처방 및 식이요법 • 134
뇌졸중(중풍)과 운동처방 및 식이요법 • 142
당뇨와 운동처방 및 식이요법 • 149

다섯 번째 생각 : **알면 도움이 되는 계절별 운동법**

봄에는 어떤 운동이 좋은가? • 156
여름에는 어떤 운동이 좋은가? • 161
가을에는 어떤 운동이 좋은가? • 166
겨울에는 어떤 운동이 좋은가? • 171

여섯 번째 생각 : **이젠, 다이어트에 올인해라**

체중감량의 이해 • 178
중년남성과 여성의 신체비밀 • 185
비만은 은행! 지방은 현찰! 건강은 마음가짐! • 192
다이어트의 함정 • 199
다이어트 변화공식 • 207
다이어트는 아름답다 • 215
실패하지 않을 수 있는 유일한 길 • 223

일곱 번째 생각 : **우리 몸을 지켜주는 식습관**

잘 씹는 것이 보약이다 • 232
올바른 식생활에 도움이 되는 과일들 • 235
각종 질병을 막아주는 식품들 • 239

각 주 • 244

프롤로그

"건강이란 변화로부터 시작하는 것"
한 고객의 말이다.

"학력이고 능력이고 뭐고 일단 뚱뚱하면 차별을 받는 것 같습니다. 통통한 외모와 풍성한 체형은 첫인상에서 비호감으로 비쳐지거든요. 스스로 그런 느낌을 받을 때마다 운동해야지, 내가 뚱뚱하다고 놀려댄 사람들에게 복수해야지 마음속으로 다짐합니다. 하지만 얼마 지나지 않아 내가 언제 그런 생각을 했었지, 하면서 금방 잊어버립니다."

스마트폰이 등상하기 선//사시 전 세계의 핸드폰시장을 독식했던 핀란드의 노키아는 변화된 흐름을 따라가지 못하고 자신들의 나라 안에서만 머물다 결국 시장점유율 3위로 추락하는 길로 들어서게 되었다. 소비자들이 원하는 제품보다는 자신들이 원하는 디자인과 기능만을 추구하였기 때문이다.

60년대까지 전 세계의 시계시장을 독식했던 스위스의 시계산업도 마찬가지였다.

디지털시계의 등장에도 불구하고 끝까지 아날로그시계만을 고집해 결국 전 세계의 90%대였던 시장점유율은 현재 8%밖에 점유하지 못하는 나라로 전락하고 말았다.

변화시키고자 한다는 것은 커다란 용기가 필요하다는 것을 위의 예를 통해 알 수 있다.

변화하기 위해서는 많은 시간은 필요치 않다. 단 몇 분만이 주어져도 할 수 있다.

우리가 생각이든 행동이든 간에 변화에 실패하는 이유는 실패한 원인을 자각하지 못했기 때문이다. '원인 없는 결과 없다.' 라는 명제를 이해하고 있다면, 그 속에 변화할 수 있게 만들어주는 건강이라는 보물을 발견할 것이다.

영국의 웨스트민스턴 사원의 지하묘지에 잠들어 있는 한 성공회 주교의 묘비엔 이런 글이 적혀 있다.[1]

내가 젊고 자유로워 상상력에 한계가 없다고 생각했을 때

나는 세상을 변화시켜야겠다는 꿈을 가졌다.

좀 더 나이가 들고 지혜를 얻었을 때

나는 세상이 변하지 않으리라는 것을 알았다.

그래서 내 시야를 약간 좁혀

내가 살고 있는 나라를 변화시키겠다고 결심했다.

그러나 그것 역시 불가능한 일이었다.

황혼의 나이가 되었을 때 나는 마지막 시도로

나의 가장 가까운 내 가족을 변화시키고 말겠다고 마음을 정했다.

그러나 아무도 달라지지 않았다.

이제 죽음을 맞이하기 위해 자리에 누운 나는 문득 깨달았다.

만약 내 자신이 먼저 변하였더라면……

그것을 보고 내 가족이 변하였을 것을……

또한 그것에 용기를 얻어

내 나라를 더 좋은 나라로 바꿀 수 있었을 것을……

그리고 누가 아는가!

세상까지 변화되었을지……

건강은 준비하는 자의 몫이다. 인생의 2막, 3막을 준비하는 40대는 인생의 산전수전을 모두 겪어본 인생의 고수들이다. 그 어떤 일이 닥쳐도 경험으로 이겨낼 수 있는 내공이 있다. 이 책이 건강을 되찾을 수 있는 길잡이가 되기를 바라며 여러 성인병 위험인자로부터 벗어나 제2의 인생을 멋지게 포지셔닝 되기를 소망한다.

 마지막으로 많은 격려를 아끼지 않으신 저희 소중한 가족과 원고를 출판하기로 허락하신 '북씽크' 관계자분과 책이 만들어지는 과정과 독자의 손에 쥐어지기까지 참여하신 모든 분들의 손길에 진심으로 감사드린다.

최원교

첫 번째
생각

인생반전(人生反轉)이 필요한 40대

인생반전(人生反轉)이
필요한 40대

건강은 공평하지 않다

당신은 몸에 이상이 없다고 건강하다고 확신하고 있는가?
분명 "예"라고 고개를 끄덕거리며 대답할 것이다.
나는 태어날 때부터 건강해 지금도 건강에는 자신있다고 힘주어 말할 수 있다.
하지만 필자는 당신의 말에 동의하지 않는다. 기계는 쓰면 쓸수록 관리하지 않으면 고장이 빨리 오듯, 자신의 몸도 꾸준히 관리하지 않으면 병이 생긴다는 사실을 알기 때문이다.

인류 불변의 진리 중 하나는 '병은 강한 자에겐 약하고, 약한 자에겐 강하다.' 이다. 각종 성인병질환들은 꾸준히 관리한 사람들에게는 옆으로 비켜 지나간다. 그러나 약한 자들에게는 한없이 강한 힘을 발휘에 각종 질환들의 바이러스들을 심어놓는다.

과도한 업무스트레스, 수면부족, 불규칙한 생활습관으로 인해 스트레스에 시달리며 안고 살아가는 것이 중년들이다. 키보드를 두드리며 집필해 나가는 필자도 같은 중년으로 동병상련을 느끼고 있다. 희망찬 인생2막의 꿈을 가슴속에 품기는 커녕 현재의 상황에서 빨리 벗어나고 싶다는 마음에 씁쓸하기만 하다.

평상시 걷기보다는 오롯이 승용차를 이용하는 중년들에게 운동하라고 권하면 선뜻, 행동으로 실행하기가 힘들어 한다는 거 충분히 이해한다. 학창시절 뚱뚱하다는 이유로 친구들에게 따돌림 당했던 기억, 둔한 몸짓 때문에 동료들에게서 느낀 차가운 시선 등은 마음속의 상처로 남아 한없이 자존감을 무너뜨렸던 기억을 되살리고 싶지 않을 것이다.

하지만 자신의 건강을 위해, 새로운 인생2막을 위해서라도 깊숙이 자리잡고 있는 두려움을 끄집어내어 극복해야 한다. 두려움을 느끼고 있다는 것은 달리 말하면 부정적이 생각이 자신을 지배하고 있다고 할 수 있다.

〈느리게 사는 즐거움〉의 저자 어니 젤린스키는 다음과 같이 말했다.

"걱정의 40%는 절대 현실로 일어나지 않고, 걱정의 30%는 이미 일어난 일에 대한 것이라고 한다. 걱정의 22%는 사소한 고민이고, 걱정의 4%는 우리 힘으로는 어쩔 도리가 없는 것이다. 또한 걱정의 4%는 우리가 바꿔 놓을 수 없는 일에 대한 것이다."[2]

어니 젤린스키가 말한 것처럼, 걱정의 몇 퍼센트가 쓸데없는 것이라고 하는가?
결국 두려움과 걱정이라는 부정적인 생각들은 현실이 아닌 그림자일 뿐이라는 것을 우리는 알 수 있다.
이러한 잘못된 사고방식은 우리로 하여금 부정적인 쇠사슬을 <u>스스로</u> 묶게 만들고, 부정적인 올가미에서 벗어나지 못하게 만들며 각종 성인병질환들을 만들어 나간다.

"건강이 곧 돈이다."[3]

노후설계전문가인 강창희소장의 이 말은 우리로 하여금 건강의 소중함이 전부라는 것을 깨닫게 해 준다. 건강을 잃게 되면 모든 것을 잃게 된다는 사실에 우리는 확실히 인식하고 있어야 한다. 건강에 대해 꾸준히 관심을 갖고 스트레스를 이겨낼 수 있는 긍정적인 마인드확립과 내성을 키워야 한다.

건강은 누구에게는 무엇인가를 할 수 있게끔 도전할 수 있는 힘과 원동력을 준다. 하지만 건강을 관리하며 살아가고 있다고 해서 직접적으로 어떠한 결과물을 얻게 되는 것은 아니다. 건강은 당신의 질병을 예방할 수 있는 저항력과 면역력을 키워주는 것이지, 당신에게 직접적으로 어떠한 결과나 보상을 안겨주지는 않는다.

하지만 성인병으로 인해 생긴 고혈압과 심근경색, 당뇨병 등으로 고생하는 사람들은 건강에 대한 생각과 마인드 변화가 부족하기 때문에 약으로 치료될 수 있다고 생각하고 그렇게 인식하기 때문에 약 자체에 의존하며 집착한다. 물론 약은 병을 치료하기 위한 검증된 방법이다. 하지만 약은 어디까지나 병의 진행속도를 막는 임시방편의 처방이라는 사실이라는 것이다. 약에 노예가 되고, 질병에 벌벌 떨게 되는 것이다.

직장인들은 늘 시간이 빠듯하다고 푸념한다. 몇 끼를 굶은 듯 밥을 허겁지겁 먹고 재빨리 사무실로 향하는 모습이 오늘날 직장인들의 전형적인 모습이다. 직장인은 늘 수면시간이 부족하다는 한 설문 기사가 나와 소개한다.

"직장인 2명중 1명은 자신의 수면시간이 부족하다고 생각하는 것으로 나타났다. 온라인 취업사이트 '사람인'이 직장인 1,382명을 대상으로 '수면시간이 충분하다고 생각하십니까?'라는 설문을 진행한 결과, 52.9%는 부족하다고 느끼는 것으로 조사되었다. 이어 '부족한 편이다'(48.1%), '적당한 편이다'(35.9%), '충분한 편이다'(11.2%), '매우 부족한 편이다'(4.8%)의 순으로 나타났다."[4]

설문조사에 따르면 응답자 중 82.6%가 수면부족에 시달리고 있는 것으로 나타났다.

그럼 수면부족은 건강한 사람들에겐 해당사항이 없다는 것인가?

세계 최고의 투자가인 웨렌 버핏은 어떻게 설명해야 하는가?

일본 최고의 부자인 손정의, 마이크로소프트사의 회장인 빌 게이츠 등 이들은 남들이 상상할 수 없을 정도로 업무량이 빠듯하다. 이들은 수면시간을 줄여나가며 업무를 처리하는 습관이 형성되어 있다. 그렇다고 건강을 소홀이 하는 사람은 없다. 높은 자리에 있을수록 냉정한 판단을 내리기 위해선 건강해야 된다는 사실을 이들은 알고 있다. 그래서 부족한 시간을 쪼개고 쪼개서 운동을 꾸준히 하고 있다.

당신이 이들만큼 바쁜 생활을 보내고 있는가?
시간이 늘 부족하다며 푸념할 수 있겠는가?
물론 시간이 부족해서 관리를 소홀이 할 수 밖에 없다며 반문할 수 있다. 시간을 한 시간 한 시간씩 쪼개어봐라. 당신이 소중한 시간을 아무 의미없이 흘러 보낸 것들을 찾아낼 수 있을 것이다.
카카오톡으로 무의미하게 보낸 시간, 불필요한 잡담들, 허둥지둥하며 보낸 행동들······
선천적으로 장애를 안고 태어나지 않을 경우 누구나 건강한 상태로 태어난다. 이 시간만큼은 누구나 공평하다. 하지만 시간이 지날수록 건강한 사람과 그렇지 않은 사람으로 나누어진다는 사실을 알게 된다. 그렇다면 건강한 사람과 그렇지 않는 사람들의 차이점은 무엇일까?

열심히 관리하고 있는데도 안 된다고 말하는 사람들이 적지 않다. 하지만 열심히 관리하며 노력했다고 하는 노력의 정도는 건강관리에 성공한 사람들의 노력의 정도와는 큰 차이가 있다는 사실을 인정해야 한다.
평범한 사람들은 오전 6시에서 7시 사이에 일어나서 출근을 한다. 그렇게 정신없이 출근해 눈코 뜰 새 없이 생활한 후 저녁 7시 이후에 퇴근한다. 퇴근해서는 마치 오늘의 하루일과를 무사히 잘 끝냈다며 자기 자신을 칭찬하며 곧장 집으로 귀가한다. 귀가 후, TV에 빠져들거나 허둥지둥 시간을 보내며 하루일과를 마무리한다.

하지만 건강관리를 소중히 여기는 사람들은 평범한 사람들이 꿈나라에서 허우적거리고 있을 때 성공한 CEO처럼 행동을 한다. 이들은 심리학에서 '성공한 사람과 똑같이 행동을 하게 되면 성공한 사람처럼 변해간다.'는 사실을 깨달아간다. 즉, 그들은 새벽 5시전후에 기상한다. 그 새벽 시간에 헬스클럽에 가서 운동을 하거나 일찍 출근을 해 자기계발을 하거나, 독서를 통해 마음의 양식을 심는다. 또한 퇴근 후, 어영부영 시간을 헛되이 보내지 않는다는 것이다.

이들은 TV에 빠져들거나, 컴퓨터 모니터 앞에서 시간을 낭비하지 않는다. 이들은 휘트리스클럽으로 향하거나 독서클럽, 도서관에서 자기계발에 힘쓴다.

건강한 생활을 지향하든, 질병으로 인해 하루를 힘겹게 보내는 생활이든, 결국 자신의 노력여하에 따라 결과는 달라진다는 사실이다.

 현재 처해진 환경이 악조건이든, 돈이 없어 관리를 할 형편이 안 된다는 생각은 모두 핑곗거리며 변명이다.

 건강한 사람들의 생활패턴을 그대로 따라해 보자.

 중요한 것은 그들의 생활패턴을 따라해 습관으로 자리매김하게 될 경우 힘든 생활이 아닌, 오히려 활기차게 행복한 에너지가 솟구쳐 나온다는 사실을 느끼게 될 것이다.

후회를 남기고 싶은가?

 건강한 모습으로 노년을 아름답게 살아가고자 하는 것은 우리들의 한결같은 소망이다. 반대로 잘 살다가 갑자기 뜻하지 않는 병을 얻어, 건강을 회복하지 못해 마지막에 쓸쓸한 비극을 맞이하는 사람들이 있다. 멋지게 살고 아름답게 노후를 보내고 싶다면 건강할 때 자기관리를 철저히 해 후회없는 인생을 설계해 나가는 것이 중요하다.

 건강만큼 사람을 행복하게 하는 것도 없지만 병약만큼 사람을 불행하게 만드는 것도 없다. 젊었을 때 꾸준한 신체활동과 적절한 식의요법으로 균형을 맞춰 나갔다면 후회하지 않는 노후를 보낼 수 있을 것이다.

보건복지부와 질병관리본부가 발표한 '2011년 국민건강영양조사' 결과에 따르면 우리나라 국민 중 고혈압, 당뇨, 비만 환자는 늘어난 반면 꾸준히 운동하는 사람은 오히려 줄어들었다고 발표했다. 고혈압, 당뇨, 비만은 몸속에 체지방이 많이 축적되어 있기 때문에 병이 생기는 것이다. 체지방을 효과적으로 줄이기 위해서는 꾸준한 운동을 통해 몸속에 있는 지방을 태워야 한다. 운동을 통해 몸속 잉여지방을 에너지로 태워야 하는데 그렇게 하지 못해 각종 성인병으로 고통받으며 살아가는 이들이 많다.

50세를 갓 넘긴 선배가 아내에게 미안한 마음을 필자에게 털어놓았던 기억이 아직도 잊혀지지 않는다. 40대까지 혼자서 잘 놀다가 뒤늦게 결혼을 해서 이제야 아내와 재미나게 살려고 했다. 아내가 잔소리 때문에 싫었냐고 물어봤더니 아니라고 손사래를 쳤다. 그래서 경제적 압박감 때문에 집에 일찍 귀가하는 게 스트레스였냐고 물어봤더니 그것도 아니었다고 했다. 40대까지 친구들과 술을 마시며 함께 어울리는 것을 더 우선순위로 생각했다고 한다. 지금에 와서 보니 아무 소용도 없는 것이었고 남는 것도 없다고 했다. 최후에 남은 것은 울퉁불퉁한 턱살과 옆구리살. 깡마른 하체와 상체의 부조화의 매력없고 무능력해 보이는 자신의 모습에 한숨을 내쉬었다. 자기가 왜 그렇게 살았는지 후회막급이라고 했다.

 가족과 건강, 그 균형을 유지했어야 했는데 그러지를 못해 후회가 된다고 말했다. 다시 과거로 돌아갈 수만 있다면 자신의 몸을 혹사시키지 않았을 거라고 말했다. 선배가 이렇게 후회가 되는 것은 선배가 심근경색으로 쓰러지고 나서다. 감기처럼 소소한 병이라면 무심하게 넘길 수 있었겠지만 심근경색은 혈관을 막아버리는 소리없는 저승사자다. 관리를 하지 않으면 내일이라도 바로 중환자실로 직행할 수 있는 병이었다. 젊었을 때부터 꾸준히 운동하며 관리했었더라면 그런 병에 걸리지 않았을 것이다.

 죄책감 때문에 마지막이라고 생각하고 아내에게 잘해줘야겠다며 정성을 들였다. 심근경색으로 쓰러져본 선배는 가족의 소중함과 건강의 중요성을 느끼게 되었다.

 생각하면 안쓰럽고 안타깝기만 하다. 길을 걷다가 갑자기 혈관이 막혀 쓰러졌을 때 손을 써보지도 못하고 장례식장으로 직행한다면 얼마나 억울하겠는가?
 의학의 발달로 평균수명 80세를 살고 있는 이 시대에 생각만 해도 억울하다.
 건강검진은 아프지 않을 때 받는 것이 좋다. 중년의 50% 이상은 대사증후군이라는 성인병을 잠재적으로 안고 있다고 한다. 이미 병이 깊어지고 난 다음에는 천만금이 있어도 아무 소용이 없다. 미리 미리 점검을 해야 자신의 몸 상태를 알 수가 있다.

만약, 고혈압이라는 진단을 받으면 혈압을 정상으로 유지할 수 있도록 대비할 수가 있다. 당뇨의 진단을 받으면 반복된 야식, 술, 담배, 업무스트레스 등 원인을 찾고 대비할 수가 있을 것이다.

만성피로증후군인 사람은 천근만근처럼 느껴지는 피로감에서 해방되고 싶을 것이다. 피곤함 없이 개운한 몸 상태로 즐겁게 하루를 만끽하며 생활하고 싶을 것이다. 가슴이 답답하고 위장에서 신물이 턱밑까지 몰라오던 식도염 증상을 다시는 느끼고 싶지 않을 것이다. 계단에 오를 때 무릎관절에 느껴지는 통증을 느끼고 싶지 않을 것이다.

건강도 젊었을 때 미리 미리 점검을 해야 한다. 쓰러지고 난 후에는 어떻게 손써 볼 도리가 없다. 그나마 시간이 많으면 오랜 기간 정성을 들일 수도 있겠지만 병이 깊어 앞으로 몇 개월이라는 시한부 선고를 받고 나면 후회할 수밖에 없다. 그리고 자신에게 얼마만큼의 시간이 남았는지도 전혀 알지 못한다.

운동은 실행할 때에만 의미가 있다. 운동은 머리로 생각하는 것이 아니라 몸으로 움직여야만 효과가 있다.

경제적 여유가 생길 때 운동해야지, 이번 일만 잘 마무리한 후 본격적으로 운동해야지……. 이렇게 하루하루 미루다가 그나마 운동하겠다는 다짐이 털컥 잊혀진다면 성인병으로부터 자유롭지 못할 것이다.

젊었을 때부터 난 단 한 번도 병에 걸려 본 것이 없어하며 자신만은 영원히 건강할 거라고 착각하는 게 중년들의 사고방식이다. 살다보면 생명이 유한하다는 사실을 잊어버린다. 건강관리는 미뤄서는 안 된다. 미루는 버릇, 내일부터 운동하겠다는 생각의 습관에서 벗어나야겠다.

〈그때는 그때의 아름다움을 모른다〉에 소개된 오명철기자의 칼럼에 "어느 95세 어른의 수기"가 있다. 허송세월로 보내는 중년들에게도 후회없는 삶을 남기지 말라는 메시지를 전달하고 있어 소개하고자 한다.

젊었을 때 정말 열심히 일한 사람이 있었습니다. 그 결과, 그는 실력을 인정을 받았고 존경을 받았습니다. 그 덕에 명예퇴직 없이 65

세에 당당하게 은퇴할 수 있었습니다.

그런 그가 30년 후인 95살 때 얼마나 후회의 눈물을 흘렸는지 모릅니다. 이후 30년의 삶은 부끄럽고 후회되며 비통한 삶을 산 것 같습니다.

나는 퇴직 후, "이제 다 살았다. 남은 인생은 스트레스 받지 않고 편하게 살자. 남은 인생은 그냥 덤이다." 하는 생각으로 그저 고통없이 죽기만을 기다리며 시간을 흘려 보냈습니다.

덧없이 희망이 없는 어두운 터널같은 삶⋯⋯

그런 사고방식을 가지고 살아간 삶이 어느 덧 30년이란 시간이 되었습니다. 30년의 시간은 지금 내 나이 95세로 보면 인생의 3분의 1에 해당되는 긴 시간이었습니다.

만일 내가 퇴직 후 30년이란 시간을 더 살 수 있다는 확신을 가지고 있었더라면 지금처럼 헛되이 시간을 허비하지 않았을 것입니다. 그 때 나 스스로가 늙었다고 생각했고, 뭔가를 새로 시작하기에는 늦었다고 생각했던 것이 내 인생에서 가장 큰 실수를 범하지 않았나 생각합니다.

나는 지금 95살이지만 정신은 뚜렷합니다. 앞으로 10년, 20년을 더 살지 모릅니다. 이제 나는 하고 싶었던 어학공부를 시작하려 합니다.

그 이유는 단 한 가지입니다⋯⋯.

10년 후 맞이하게 될 105번째 생일 날, 95살 때 왜 아무것도 시작하지 않았는지에 대해 후회하지 않기 위해서죠.[5]

다가올 미래를 위해 또한 후회없는 삶을 행복하게 보내기 위해선 먼저 스스로가 건강해 있어야 한다. 비만이나 여러 질병들을 가지고 있지 않아야 한다. 그래야 '어느 95세의 수기'의 내용처럼 제2의 삶을 설계할 수 있는 힘이 생긴다.

후회는 곧 엎질러진 물과 같다. 세상살이는 더욱 힘들어지고 경제상황은 계속해 곤두박질치며 새로운 일자리를 창출하기 힘든 시기에 병이라도 생긴다면 어떻게 되겠는가?

> **Point!**
> - 건강검진은 아프지 않을 때 받자. 중년의 50% 이상은 대사증후군이라는 성인병을 잠재적으로 가지고 있다.
> - 잘못된 식습관, 불규칙한 생활패턴은 훗날, 후회하는 삶으로 노후를 보내게 된다.

두 번째
생각

일상을 행복하게
만들어주는 '긍정'

건강의 적!
스트레스

동서고금을 막론하고 행복한 삶은 누구나 간절히 소망한다. 하지만 육체적 건강과 정신적 행복을 방해하는 요소가 있다. 바로 '스트레스'이다.

사실 스트레스가 전혀 없는 생활은 불가능하다. 아니, 스트레스가 없는 것 자체가 스트레스일 수도 있다. 스트레스는 누구나 가지고 있는 공통된 명제이다. 특히 하루가 다르게 변하는 국내외적 환경으로 인해 치열한 경쟁 속에서 생활해야 하는 직장인, 주부들, 입시에 시달리는 학생들의 경우는 두말할 필요가 없을 정도로 극심한 스트레스에 시달리고 있는 상황이다.

하지만 스트레스라는 것은 이기려고 애를 쓰다 보면 점점 더 스트레스를 받게 되는 경우가 있다. 꼬리에 꼬리를 물듯이 악순환이 계속되는 것이다. 차라리 스트레스를 받을 만한 요소가 있다면 아예 시도를 하지 않아 스트레스를 받지 않으려는 생각을 가질 수도 있다.

요즘 직장인들과 입시에 시달리는 학생들은 늘 피곤하다. 이른 새벽부터 밤늦게까지 그저 정신없이 일에 몰두하다 보면 하루가 가고 한 달이 금방 지나가 버린다. 하루의 목표달성을 위해 뒤나 옆을 돌아볼 여유도 없이 실적만을 위해 혹은 높은 성적만을 위해 앞만 보며 달리고 있는 것이다.

스트레스는 만병의 근원이다. 스트레스가 고민으로 변하면 질병에 쉽게 걸리며 노화도 가속화된다.

"50대에 고혈압도 당뇨병과 마찬가지도 증가하고 있다. 만성질환 발병의 변곡점이 50대인 것이다. 당뇨병, 고혈압을 처음으로 진단받은 시기도 50대가 가장 많았다. 당뇨병 환자들의 34.0%는 50대에 처음 당뇨병이라는 진단을 받았고 그 다음은 60대 27.5%, 40%대 19.1% 순이었다. 고혈압으로 처음 진단받은 시기도 20대 0.5%,

30대 5.7%, 40대 17.2%였지만 50대엔 33.4%로 높아졌다. 60대는 31.1%였다.

전문가들은 50대는 가족을 부양하고 정년퇴직할 때에 이르러 스트레스를 안고 사는 세대인 대다 신체적으로 노화 현상이 나타나는 시기이기 때문에 질병 발병이 많다고 한다."[6]

스트레스는 심리적, 생리적으로 일그러지고 찌그러진 상태를 말한다. 간단히 말하면 '싫다'고 받아들이는 것으로서 외부의 자극을 부정적이며 냉소적으로 받아들이는 것, 불안이나 걱정, 욕구 불만이나 증오, 질투나 부러움, 열등감 등의 마이너스 발상이 스트레스에 속한다.

이러한 스트레스를 겪으면 우선 온몸의 기(氣)의 흐름이 막히고 혈관이 수축하면서 혈액순환이 나빠짐과 동시에 세포를 녹슬게 만드는 활성산소가 발생하기 시작한다.

그리고 활성산소는 지방과 결합하게 되면 노화물질인 과산화지질이라는 물질로 변하여 인체에 치명적인 손상을 입히게 만든다. 이처럼 치명적인 손상을 입히는 활성산소를 가장 많이 발생시키는 가장 큰 원인은 현대인을 질병의 구렁텅이로 몰아넣고 있는 스트레스라고 한다.

스트레스에 대하여 계속해 설명하도록 하겠다.

스트레스는 뇌의 시상하부를 자극하고 시상하부는 다시 교감신경과 뇌하수체를 자극하여 카테콜라민이라는 호르몬이 분비되어 혈관을 수축시켜 혈압을 높이는 작용을 하고 코티졸(콩팥 위에 붙어 있는 부신에서 분비) 호르몬을 분비하여 포도당을 뇌와 근육에 신속히 공급하여 주나 말초혈관에는 공급해 주지 않는다.

코티졸 호르몬은 신체가 맹수 등에 공격을 받았을 때와 같이 생명에 위급함을 느끼는 비상사태가 발생했을 때만 응급비상 에너지를 공급해 주는 역할을 하는 것으로서 말초혈관에 심각한 혈액순환 장애를 초래한다.

스트레스는 고혈압을 일으키는 주범이다. 스트레스 상태가 하루 종일 지속되면 귀가해서 집에서 잠자는 동안에도 혈압이 계속 올라간다는 것이다.

스트레스는 비만과 당뇨병을 불러일으킨다. 스트레스가 비만을 불러일으키는 이유는 스트레스를 받으면 음식을 마구 먹어 해소하는 경우가 많은데, 이것은 음식을 먹으면 우리 몸 안에서 렙틴이라는 호르몬의 수치가 올라가게 되고 그러면 자동적으로 스트레스 호르몬인 코티졸 수치가 올라가게 되기 때문이다.

그리고 사람이 스트레스를 느끼면 스트레스 호르몬이 방출되어 혈당치가 높아지는데, 놀랍게도 걸어서 소모하는 칼로리보다 정신적인 스트레스로 인해 야기되는 혈당치가 더 많을 수 있다고 한다. 그래서 꾸준히 운동을 잘 하는데도 혈당량이 내려가지 않는 환자가 생기는 것이다. 이때 누군가가 환자와 같이 동행하면서 재미있는 분위기를 이끌어 가면 혈당량이 많이 내려간다. 그러므로 이왕 운동을 하려면 즐기면서 운동을 해야 하는 이유가 여기에 있다.

스트레스는 각종 암을 유발시킨다. 미국 일리노이주에서 실험한 결과에 의하면 한국인 이민 1세대가 10만 명당 25명의 위암환자인 반면에 현지인들 중 위암에 걸린 환자는 18명이라는 통계가 나왔다.

그 이유는 한국인 이민 1세대들이 낯선 이국땅에서 초기에 정착하기 위해 엄청난 스트레스를 받은 결과라는 것이 의학계의 결론이었다. 고민은 천식, 관절염, 궤양, 기타 질병에 있어서도 하나의 요인이 되고 있다는 것이다.

대부분의 고민은 실제로 육체적 병의 원인은 되지 않지만 신체의 약한 부분을 더 약하게 만드는 역할을 한다. 신체 기관이나 부위 중에는 특히 다른 어느 부분보다 약한 부분이 있는데 고민은 저항력이 가장 약한 곳을 침범해 들어간다.

고민거리가 생기면 위에서는 위액 분비가 증가한다. 위산이 많이 생기면 소화가 잘 안 되고, 위의 근육에 마디가 생기는데 이렇게 위가 긴장하면 음식물이 위 밖으로 나가는 것을 방해하여 위에 더 많은 자극을 주게 된다. 고민이 계속 쌓이게 되면 결국 위궤양에 걸리게 되고 위궤양을 오랫동안 방치하게 되면 위암으로 발전하는 것이다.

자! 그러면 스트레스를 극복할 수 있는 방법을 강구해 보도록 하자.

스트레스는 누구나 가지고 있는 정신적 질환이라고 설명했다. 하지만 스트레스를 어떠한 관점으로 보느냐에 따라 받아들이는 스트레스 지수는 천차만별 다를 것이다. 즉, 스트레스를 어떻게 받아들이고 해석하느냐에 따라서 스트레스가 플러스로 작용할 수도 있고 마이너스로 작용할 수도 있다는 것이다.

'모든 것은 자신의 마음가짐에 따라 결과는 달라진다'라는 일체유심조一切唯心造의 단어를 기억하고 있는가?

긍정적인 사고방식을 가지고 살아가는 사람과 부정적인 사고방식을 가지고 살아가는 사람들 중에서 어느 쪽이 건강하게 오래 사는지에 대해 하버드대 의과대학의 한 연구팀이 어느 해의 졸업생들을 선정하여 50년 동안 그들의 삶을 추적하는 연구를 했다.

유머와 다른 사람들을 위한 배려, 그리고 긍정적인 사고방식을 가지고 살아가던 사람들은 건강하고 성공적인 삶을 살아가고 있었다. 60세가 되었는데도 만성병을 앓는 사람은 별로 없었다. 반면에 비관적인 사고방식을 지닌 사람 중의 3분의 1은 그 나이에 건강이 아주 나빠져 있었다.

이 세상에서 그 어떤 투자보다도 가장 가치있는 투자는 무엇일까?
돈, 지위, 명예, 건강 등 행복의 요소가 되는 것들의 뿌리를 관찰하고 분석해보면 그 뿌리는 단 한 가지라는 것을 알 수 있다.
밟아도 뿌리 뻗는 잔디처럼, 시들어도 다시 피는 무궁화처럼, 어떠한 곤경에 처하더라도 좌절하지 않고 꿈과 희망을 뿌리 뻗는 힘인 긍정적이고 낙천적인 인생관에 적극적으로 투자하는 것이다. 그 일은 천문학적인 돈을 쏟아 부어도 아깝지 않고, 시간이 없고 생활에 쫓기더라도 최우선적으로 투자해야할 투자대상의 1순위가 아닐까 한다.

당신이 하얀 안경을 쓰고 보면 세상이 온통 하얗게 보일 것이고 파란 안경을 쓰고 보면 세상이 온통 새파랗게 보일 것이다. 똑같은 상황을 행복의 안경으로 쳐다보면 행복한 세상으로 비쳐질 것이고 불행의 안경으로 세상을 쳐다보면 불행하게 보일 것이다.

"마음속에 사랑과 기쁨과 감사가 있으면 엔도르핀의 분비가 촉진되고 이는 스트레스 호르몬의 감소로 이어진다. 그 결과 면역력이 크게 강화된다."

_ 로마 린다대학교 의과대학 연구진, 스탠퍼드대학교 의과대학 연구진

스트레스 대처법

① 생활의 리듬은 활기차게 마음으로 행동하자

하고자 하는 일이 아무리 쫓겨도 일할 때는 즐거운 마음으로 활기찬 마음으로 하고 쉴 때는 확실하게 쉬는 정신자세가 필요하다.

스스로 그런 기분이 나지 않더라도 밝고 활기찬 마음으로 행동한다면 그 날 하루의 생활리듬 상태는 바르게 가짐과 동시에 하루의 업무를 충실히 수행할 수 있는 에너지로 충만되게 변하게 될 것이다. 활기찬 마음은 긍정적인 에너지를 생산해내는 역할을 하기 때문이다.

한 번 활기찬 마음으로 실행해 보자.

사물을 바라볼 때 활기찬 마음가짐으로 "음, 마음이 사람들을 보니 마음이 편안해지네.", "오늘 주위 사람들에게 기쁨의 에너지를 많이 전파시켜 줘야지." 라는 생각으로 생활에 임하자.

그러한 마음으로 생활에 임하게 된다면 행동도 그렇게 이루어진다는 것을 실감할 수 있을 것이다.

② 마음의 여유를 갖자

가슴속에 조급한 마음을 빨리 떨쳐버려 긍정의 덩어리를 가슴속에 깊이 품어야 한다.

가장 적은 것으로도 만족할 줄 아는 사람이 가장 큰 부자다. 그러기 위해서는 늘 열려 있는 마음속 긍정의 커튼을 활짝 열어야 한다. 늘 열려 있는 오픈 마인드로 세상을 바라볼 때 긍정의 쇠사슬은 점점 강해질 것이다.

③ 감사하는 마음가짐으로 생활에 임하자

세상만사가 늘 행복만을 가져다주는 것은 아니다. 때로는 자신이 원하지 않는 결과로 돌아오는 경우도 많다. 하지만 "건강하게 아무 탈 없이 무사히 넘어갈 수 있게 해 주셔서 감사합니다." 라고 스스로에게 감사의 주문을 잊지 않는다면 스트레스 지수와는 반대 방향으로 벗어나게 될 것이다.

서울 아산병원 김종성 교수팀이 뇌졸증으로 입원한 2백24명과 1백 명의 성격을 비교한 결과에 따르면 앞의 A형은 외부자극에 대한 민감도가 평균 7.7배 높고, 이에 따라 뇌졸중 발생 위험도가 1.5배 높은 것으로 나타났다.

그렇다면 장수하는 성격은 어떻게 가꿔 지는가. 장수에는 세 가지 원칙이 있다고 한다.

- 첫째는 완벽한 결과를 추구하기보다 성실한 과정을 중시하는 것이다.
- 둘째는 여유 있는 삶이다.
- 셋째는 관심과 방향을 나에게서 남으로 바꾸는 것이다. 다른 사람의 말을 경청하고 이웃과 삶을 공유하는 자세가 필요하다.

긍정의 힘

 높은 실업률, 신용불량자 급증, 구조조정, 물가상승, 아파트값 폭등, 유가인상, 사교육비상승……, 현재 우리나라의 경제상황이다. 생각만 해도 속이 답답하고 마음속이 울렁거린다. 100년 만에 한 번 올까말까한 세계적인 경제불황과 국내 사정의 악화 및 기업체의 구조조정 속에 우리의 마음은 희망찬 미래의 꿈을 생각하기 보다는 점점 끝이 없는 어둠의 터널 속으로 달려 들어가게 만든다.

 얼마 전 동창모임에 참석했다가 평상시 밝고 긍정적이던 한 친구의 얼굴 표정이 유난히 어두워진 것을 보았다. 요즘 경기가 좋지 않아서 하는 일이 잘 풀리지 않나 생각했는데 시간이 지나도 친구의 기분이 좀처럼 나아지지가 않는 것이었다.

사정은 이랬다. 친구는 기업체에 인력을 파견하는 용역회사를 운영하는 사장으로 한때는 승승장구하며 정말 잘나가던 친구였다. 그런데 경기가 침체되고 상황이 어려워지자 친구와 거래를 맺었던 회사들이 구조조정에 들어가면서 인력수요가 급격히 줄어들게 되었던 것이다. 친구와 거래를 했던 회사들은 상당수가 재무구조가 튼튼한 회사들이었기에 구조조정이나 인원감축에 쉽게 흔들리지 않을 것이라 자신하고 있었다.

그러나 장기적인 경기침체가 지속되면서 친구와 거래했던 회사들도 구조조정의 칼바람에 타격을 입기 시작했다. 인력수요가 점차 줄어들면서 친구가 운영하던 용역회사는 회생이 불가능하게 되었고, 하루하루를 고통 속에서 보내는 상황에 처하게 되었다.

그동안 지속적으로 사업 확장을 위한 투자가 많았기에, 거래업체들의 긴축경영과 줄도산은 친구에게 엄청난 정신적 스트레스와 경제적인 고통을 안겨주었다. 친구의 고통은 하루하루가 지날수록 주름은 더욱 깊이 파 들어갔다.

IMF보다 내수경기가 더욱 침체된 이 시점에 우리는 잃어버린 웃음과 활력을 되찾아 새로운 미래를 맞이해야 한다. 늦었다고 생각할 수도 있고, "나는 안 돼."하며 현 경제상황의 흐름 속에 체념하듯 삶을 포기하고 싶을 수도 있을 것이다.

밝은 웃음과 희망은 나에게는 두 번 다시 찾아오지 않을 것이라고 생각할 수도 있을 것이다. 이러한 부정적인 생각들은 우리의 뇌속에 깊숙이 감돌게 만들어 끊임없이 부정의 주문을 외우도록 만들게 할 것이다.

현재 내가 처해 있는 상황에 "재수와 운이 없다."고 스스로 한탄하지 말자. 비관주의자들은 희망 속에서 절망을 보지만 낙관주의자들은 절망 속에서 희망을 찾으려고 고군분투를 한다.

이제부터 세상을 긍정적인 방향으로 바라보는 것은 어떨까?

날마다 마음속의 긍정의 거울을 들여다보도록 하자. 마음속에 부정이라는 거짓의 때가 끼어 있지 않았는지, 사람들을 부정적인 시선으로 바라보게 만드는 교만이라는 마음의 종기가 생기지 않았는지, 스스로 마음속에 거울을 들여다보며 자기성찰과 자기검토를 통해서 스스로 자기 자신을 되돌아보는 시간을 가져 보도록 하자.

부정은 늘 교만과 자만, 게으름, 허영들로 가득 차 있다. 부정이라는 정신의 주름살을 다림질하도록 하자. 나이는 20살인데 정신은 40살인 사람이 있다. 나이는 50살인데 정신은 20살인 사람이 있다. 날마다 긍정적인 관점으로 생활에 임하는 사람들은 잠재의식 속에 날마다 규칙적으로 정신의 주름살을 펴지게 만들어주어 생활의 활력을 불어 일으켜준다.

지금부터 마음가짐을 다시 스스로 점검해 보도록 하자. 내가 현재 부정적으로 생활에 임하고 있는지 아니면 긍정적인 생활로 사람들에게 기쁨이라는 영양 크림과 미소라는 보습제를 선사하고 있는지 생각해 보자.

긍정적인 생각을 갖는 것은 마음속의 어둠과 절망의 요소를 없애주게 만드는 희망의 핵무기이다. 전 세계를 떠들썩하게 만들었던 북한이 인공위성을 쏘아올린 과학기술이 아닌 사람들에게 희망의 고급 향수를 뿌려주어 가슴의 향기가 흩날리도록 해주는 긍정의 과학기술을 만들어 보자.

현대사회는 매우 분주하고 복잡하다. 생존을 위해 때로는 쉴 새 없이 생활에 쫓기며 살게 된다. 입시경쟁, 시험경쟁, 대회경쟁 등…… 경쟁이 치열하다 보니 우리의 마음에는 늘 부담이 가득하다.

윌리엄 제임스가 이런 말을 했다.

"우리 세대의 가장 위대한 발견은 사람은 자기 마음가짐을 고치기만 하면 자신의 인생까지도 고칠 수 있다." 라며 마음가짐을 어떻게 가지느냐에 따라 긍정적인 삶의 방향으로 살 수도 있고 아니면 부정의 터널 속에서 삶의 방향을 잃어 허우적거릴 수도 있다는 것으로 마음가짐의 중요성을 강조했다.

모든 것은 '마음먹기'에 달려 있다 하겠다. 화엄종의 중심사상 중에 '일체유심조(一切唯心造)'라는 구절이 있다. 즉, '모든 것은 자신의 마음에 따라 달라진다'라는 의미다. 우리가 잘 아는 원효의 이야기는 '일체유심조' 사상을 가장 잘 나타내는 것이기도 하다.

원효가 의상과 함께 당나라 유학길에 올랐다. 밤이 깊어 어느 무덤 앞에서 잠을 자다가 목이 말라 물을 마셨는데, 날이 밝아 깨어 보니 그 물이 해골에 고인 물이었음을 알았다. 이에 원효는 사물 자체에는 정도 부정(不淨)도 없고, 모든 것은 오로지 마음에 달려 있음을 크게 깨달았다. 그 길로 유학을 포기하고 돌아왔다.

이렇듯 긍정적으로 마음을 먹는다는 것은 인생을 살아가는데 있어 가장 중요한 요소다. 살아가다 보면 우리의 삶에 악영향을 주는 시련과 고통, 좌절이라는 부정으로 만들어진 도로를 거닐 수도 있다. '마음가짐'은 누구에게는 삶을 살아가는 큰 교훈과 보약이 되는 반면, 다른 누군가에게는 삶을 포기하게 하는 핑계를 제공하게 만들어 줄 것이다.

만약 당신이 주위 환경이나 현재 처해있는 상황에 대해 비관하고 불평 섞인 모습으로 비쳐진다면, 주변 사람들은 당신의 곁에서 소리없이 서서히 떠나게 될 것이다. 그렇게 되면 더욱 세상과 고립되고 비관하는 삶을 살게 되어 결국 비관과 불평으로 가득찬 악순환의 환경에 적응되어 살아가는 인생으로 삶을 마감하게 될 것이다.

자! 이제부터 이러한 부정적인 악순환의 고리를 긍정이 가득한 희망의 도끼로 끊어보자. 오늘부터라도 긍정의 힘으로 삶의 태도를 긍정적인 방향으로 바꿔보도록 하자. "하늘이 나에게 뭔가 큰 일을 맡기기 위해 지금 이런 시련과 고통을 주는구나. 오히려 감사하는 마음으로, 나에게 마음의 수련을 시켜 주셔서 고맙습니다."라는 생각을 가지고 생활에 임하게 된다면 주변 사람들은 시선이 달라질 것이고, 구름떼처럼 당신 곁으로 달려들 것이다.

또한 주위 사람들에게 긍정적인 사람이라는 인식을 심어주게 되면 더욱 좋은 인맥들과 긍정적인 교류를 하게 될 것이고, 일이든 건강이든 자신이 하고자 하는 일들에 대한 성공의 지름길을 쉽게 발견할 수 있게 될 것이다. 이처럼 삶에 대한 긍정적인 마음먹기는 삶에 있어 꼭 필요한 태도라 하겠다.

 긍정적인 마인드로 생활에 임하는 사람의 표정과 부정적인 마인드를 가지고 생활에 임하는 사람의 표정을 통해서도 고스란히 다르다는 것을 알 수 있다. 얼굴 표정은 '마음의 창'이라고도 말한다. 사람의 활짝 웃음기 있는 표정과 행동은 상대방에게 편안함과 즐거움이라는 기쁨의 영양 보습제를 선사해 준다.

 1983년 미국 캘리포니아대학교 의학부에서 진행한 재미있는 실험 결과가 있다. 그 실험에 의하면 "사람은 미소를 띠면 기분이 좋아지고, 얼굴을 찡그리면 분노가 솟아나며, 미간을 찡그리면 고민에 휩싸인다."는 것이다.

 무서운 상상을 한다든지, 아니면 실제로 높은 산을 올라 낭떠러지를 바라본다든지 하면 누구나 불안과 공포에 떨게 되어 있다. 이때를 상상하며 그렇게 불안에 떠는 표정을 10초간 짓는 것만으로도 진짜 공포체험을 할 때처럼 근육이 굳어지고 체온이 떨어진다는 것이다.

또한 마음으로만 공포체험을 상상하는 경우에는 육체적으로 공포체험을 한 것과 같은 상태에 이르는데 30초가 걸렸다고 한다. 결국 머릿속으로만 상상을 했을 뿐인데도 실제와 같은 공포를 체험할 수 있다는 것만 봐도 상상력의 힘을 실생활에 접목할 필요가 있다.

주위의 사람들을 보면 앞날의 일을 생각할 때 늘 긍정적인 방향보다는 부정적인 방향으로 크게 확대 해석하는 사람들이 의외로 많다. '나는 안 될 것 같아', '실패할 것 같아', '결과는 뻔해' 등…… 이런 부정의 상상으로 자신의 뇌속에 부정의 씨앗을 심으려 한다는 것이다.

마음가짐에서 가장 중요한 것은 자신의 잠재력의 믿음이다. 그 다음으로 목표설정에 대한 포기하지 않는 긍정의 믿음이 지속적으로 이어질 때 자신이 상상한 방향으로 결과가 도출될 수 있다는 것이다.

영국의 정신의학자인 하드필드가 밝힌 실험 결과는 대단히 흥미롭다. 그의 실험결과는 긍정적인 정신적 자기암시가 육체에 얼마나 커다란 영향을 주는가에 대한 것이다. 3명의 남자에게 보통의 상태에서 힘껏 악력계를 쥐게 했을 때 그들의 평균 악력은 101

파운드였는데 그들에게 '당신은 참으로 약하다'고 부정적으로 상상하게끔 암시를 준 후 다시 재어 보았더니 겨우 보통 힘의 1/3이하인 29파운드로 떨어졌다고 한다.

이번에는 '당신은 강하다'고 긍정적으로 상상하게끔 암시를 준 후 다시 재어 보았더니 142파운드에 달하는 결과가 나왔다. 앞서와는 달리 나는 강하다는 긍정적인 정신상태로 충만해지자 그들의 체력은 소극적이고 부정적이었던 상태보다 무려 500%나 힘이 증가했다는 것을 보여준다.

'난 약하다!', '난 할 수 없어' 등 부정적인 자기암시로 살아가는 사람은 소극적일 수밖에 없는가를 단적으로 보여준다. 하지만 '난 강하다! 난 뭐든지 할 수 있어'라는 긍정적이고 적극적으로 생활에 임하는 것을 보더라도 늘 긍정적인 자기암시라는 상상의 뿌리를 뇌속 깊숙이 심어야겠다.

혹시 이런 상상이 결국 자신을 속이는 것 아니냐고 반문하는 사람도 있을 것이다. 하지만 '현재를 산다는 것은 미래를 만들고 있는 것'이라는 명제를 이해하는 사람이라면 결코 그런 말을 하지 않을 것이다.

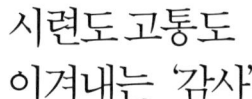

시련도 고통도
이겨내는 '감사'

'만병의 근원은 마음속에서 생겨난다'는 한국의 속담이 있다. 우리나라만의 가지고 있는 유독 강한 화병^{火病}, 즉 울화병을 조절하지 못하는 데서 생긴 말이기도 하다.

정신적 스트레스를 오랫동안 가슴에 쌓아두는 것을 미덕으로 여기는 문화적 배경에 기인한 것도 사실이다.

평생 직장이 무너지고 고용불안은 나날이 증가되고 있으며 경제전망 회복속도는 V자형이 아니라 L자형으로 나아가고 있어 화병으로 고생하는 사람들은 계속해서 증가되리라 생각한다.

칼이라는 도구가 있다. 칼이란 도구는 누구의 손에 쥐여지느냐에 따라 활용도는 다르게 쓰여질 것이다. 만약 강도의 손에 칼이 쥐여졌다고 생각해보자. 강도가 당신 앞에 나타났다고 상상해 볼 때 생각 만해도 끔찍할 것이다. 칼이 당신의 심장을 향해 무섭게 들이 덴다고 할 때 칼은 무서운 도구로서의 역할을 할 것이다.

그러나 칼이라는 도구를 의사의 손에 쥐여졌다고 가정해보자.
무서웠던 칼이 생명을 살리는 희망의 도구로 바뀌게 된다는 것을 알 수 있을 것이다. 칼날은 가슴 속 악성 바이러스암세포를 제거하는데 훌륭하게 쓰여져 결국 죽음을 맞이하려는 암환자들에게 희망을 주는 기계로서의 도구로 활용될 것이다.

이처럼 칼이라는 도구 앞에 "칼은 사람을 살리는데 쓰이는 도구구나.", "칼은 생활하는데 유익한 부분이 많다."고 긍정적으로 생각하면 뇌파는 베타 엔도르핀의 세계로 들어갈 수 있다. 그러나 똑같은 상황에서 칼이라는 도구 앞에 "칼은 사람을 죽일 수 있는 위험한 도구야.", "칼이 싫어." 라고 생각하면 뇌파는 불쾌감과 적대감, 공포와 같은 기분을 만들어내어 자기 자신을 부정적인 사람으로 변화되어 가도록 만들어 갈 것이다.

뇌 속에는 프로오피오메라노코르틴(POMC)이라는 특수한 단백질이 들어있다. 이 단백질은 인간이 사물을 긍정적이고 낙천적으로 생각할 때 부신피질 호르몬과 뇌내 모르핀, 즉 베타 엔도르핀을 분비시킨다. 그때 뇌에서 나온 뇌내 모르핀은 정신적인 스트레스를 감당하는 마음의 완화제로 쓰이고 부신피질 호르몬은 신체적인 스트레스를 감당하는 몸의 완화제로 쓰이게 된다.

이처럼 우리가 사물이나 생각을 긍정적으로 생각할 때 비로소 몸과 마음에 좋은 물질이 분비된다는 것이다. 그러나 긍정적인 발상으로 받아들이지 않으면 뇌가 뇌내 모르핀과 부신피질 호르몬도 분비하지 않는다는 것을 알아야 한다.

똑같은 스트레스가 받았다고 가정하자.

"에이, 재수없어."
"되는 일이 하나도 없어."
"난 왜? 늘 이 모양일까?"

이러한 부정적으로 사고하는 경우에는 신기하게도 베타엔돌핀이나 부신피질 같은 호르몬은 분비되지 않고 아드레날린이나 코티졸 같은 독성물질 호르몬이 분비되어 이 호르몬들로 인해 인체에 더욱 치명적인 활성산소를 발생시키게 만든다.
　하지만 스트레스를 다른 각도에서 생각해보는 것은 어떨까?

"이것은 하나의 시련이야."
"나를 더욱 강하게 만들어주는구나."
"마음을 수련할 수 있게끔 도와주셔서 감사드립니다."
"고맙습니다."

　같은 스트레스를 받았더라도 긍정적으로 받아들이면 뇌속의 단백질인 POMC가 부신피질 호르몬(육체적인 스트레스를 완화시켜 주는 역할)과 베타엔도르핀(정신적인 스트레스를 완화시켜 주는 역할)으로 분해되어 건강한 삶을 영위하는데 많은 영양 비타민을 제공해 줄 것이다.

　'감사'는 마법과도 같은 힘을 발휘하는 것 같다.
　감사하면 감탄으로 이어지고 감탄하게 되면 결국 감동으로까지 이어지기 때문이다.
　역지사지易地思之라는 말이 있다. 생각하고 행동하기에 앞서 다른 사람의 입장에 서서 바라보게 된다면 어떠한 어려운 문제는 화해의 웃음으로 바뀌게 된다는 사실을 경험하게 될 것이다.

먼저 건강하고 행복한 삶으로 이어지게 만드는 언어비타민을 가지고 생활하는 사람으로 '제2의 삶'을 살아가 보는 것은 어떨까?

꼭 직업적으로 '제2의 삶'을 위한 관점으로만 바라보지 말자.

지금 사용하고 있는 언어습관도 제2의 행복한 삶을 위해 변신해 보자.

남에게 행복을 많이 선사해줄 수 있는 비타민을 섭취시켜 주자.

다른 사람들에게 '감사합니다' 라는 웃음끼 있는 표정을 많이 만들어 주자는 것이다.

주위를 보면 사업으로 인해 혹은 뜻하지 않은 결과로 실의에 빠져 있는 사람들이 의외로 많다. 극심한 불황속에 점점 웃음은 잃어가고 있으며 자기 자신을 비하하며 고통과 좌절 속에서 하루하루 좌절의 굴레 앞에서 서성이는 사람들이 점점 늘어가고 있는 것 같다.

당신을 힘들게 하고 있는 고통과 좌절, 슬픔, 패배감이라는 감정을 "나를 더욱 강하게 만들어주는 보약이군."이라고 의식을 바꿔보자.

그렇게 되면 당신의 어깨를 짓누르게 도와주고 있는 승모근의 근력 힘은 점점 힘을 잃게 되어가 육체적 건강을 되찾을 수 있을 것이다.

또한 그 뿐이겠는가?

의식의 전환을 통해 감사하는 고마움이 생겨 얼굴은 가볍게 웃음 짓게 만들어줄 것이다. 웃음 짓는 표정은 다른 이들에게 행복의 바이러스를 전파시켜 찡그리며 세상을 바라보는 관점들을 영원히 사라지게 만들어줄 것이다.

요즘 미디어에 자주 출연하고 있는 의학박사님들은 하나같이 이런 말들을 한다.

"여러분, 늘 감사함의 마음을 잊지 마십시오. 감사함의 마음은 여러 암들을 치료할 수 있는 최고의 면역학입니다."

감사함의 마음은 건강하게 만들어 주는 원동력의 밑바탕이다. 또한 각종 바이러스의 침투를 방어시켜 주는 훌륭한 시스템이기도 하다.

감사함의 마음가짐으로 생활에 임한다면 시련과 고통이라는 부정적 단어들은 영원히 당신 곁에서 떠나갈 것이다. 잠재의식속 빈 자리에 희망과 기쁨이라는 단어들이 가득 자리 매김하게 될 것이다.

사람을 미워하게 할 수 없는 감사의 마음을 훈련해 보자.

첫째, 거북이처럼 서서히 고쳐나가도록 하자

정신을 지배하고 있는 부정적 사고를 서서히 고쳐 나가는 것이 좋다. 마음의 영혼을 맑게 해주는 책이나 언어들을 자주 접해 나가 사고의 전환이 이루어질 수 있도록 훈련해 나간다.

둘째, 구체적으로 한다

거울 앞에서 긍정적으로 생활해야겠다는 웃음짓는 표정으로 매일 이미지 메이킹을 실시한다. 거울을 보며 즐거운 일들을 상상하는 훈련을 통해 잠들어 있는 긍정의 신념들을 깨우게 만들어야 한다.

셋째, 부정의 상황 자체를 만들지 말자

부정이라는 단어는 어느 정도 마음속에 자리매김하고 있으면 악성 바이러스를 한 번 시험해 보고 싶어하는 욕심이 생기는 속성을 가지고 있다. 이러한 유혹을 쉽게 만들어주는 상황이나 분위기는 아예 피하는 것이 상책이다.

예를 들어 금주를 계획한 사람이라면 술자리 모임에 참석하지 않는 것처럼 부정의 단어들을 일삼아 스트레스를 해소하려는 모임이나 행사에 참여하지 않는 것이 최선의 방법이다. 혹시나 "나는 욕을 일삼는 곳에 참여해 나의 정신적 인내력을 테스트해 볼까?"라는 생각으로 자신의 정신력을 테스트할 수도 있다. 그러나 이러한 악영향을 끼치게 만드는 상황들은 경험을 통해서도 알 수 있듯 실패로 돌아가게 만드는 경우가 대부분이었다.

 필자는 일주일에 한 번 동창모임이 있는데 부득이한 일이 없는 한 늘 참석하고 있다. 동창모임이라기보다는 마음이 맞는 친구들과 함께 정다운 시간을 보내는 소모임이라고 받아들이는 것이 맞다.

 소모임에 참석하는 동창생들은 하나같이 공통점이 있는데 담배를 피우지 않는다는 것이다. 처음부터 담배를 피우지 않았던 것은 아니다. 건축사들로 왕성하게 활동하는 친구들에게 줄담배는 최고의 스트레스 해소법이며 탈출구였다.

 어느 날, 특별한 계기 없이 우리는 금연을 하기로 마음먹었다. 우리는 금연하기 위한 구체적인 설계도를 그려 나갔다. 첫째로 당구장을 선택할 시 가격보다는 비싸더라도 환기가 잘 통하는 곳을 향해 찾아다녔다. 둘째, 호프집으로 갈 때는 대학생들이나 청소년들이 출입할 만한 장소보다는 조용하고 분위기가 아늑한 곳을 기준으로 삼았다. 담배라는 연막탄 흡입을 최소화하기 위한 우리들만의 전략이라고는 할까.

모임에 있는 친구들이 서로를 존중하고 배려한 습관으로 인해 결국 모두가 금연가로 성공할 수 있었다.

'천릿길도 한 걸음부터'라는 말이 있다. 무엇이든지 포기하지 않고 계속하다 보면 결국 종착역에 도착한다는 뜻이다.

사람이 태어날 때 처음부터 긍정적인 사람, 부정적인 사람으로 나뉘어 태어나지 않았다. 후천적인 조건반사라는 악습에 의해 시련과 고통이라는 단어들이 만들어지지 않았나 싶다. 사람들에 의해 만들어진 것은 결국 사람들에 의해 치유할 수 있다는 것을 강조하고 싶다. '원인이 있으면 결과가 있는 법'이라는 말이 있듯이 잘못된 후천적 조건반사는 얼마든지 올바른 후천적 조건반사로 탈바꿈할 수 있다는 것이다.

시련과 고통, 좌절, 패배감, 슬픔 등 우리를 힘들게 하는 후천적인 조건반사들의 단어들을 감사라는 행복과 기쁨이 내뿜어져 있는 조건반사들을 이용해 재가공해 보도록 하는 노력이 절실히 필요하다.

암은 '마음의 병'

"사람 죽이는 건 암세포가 아니라 절망"이다.

골반으로 전이된 암癌 때문에 한쪽 다리를 못 쓰게 되어 양쪽에 지팡이를 짚고 다닌다는 것 말고는 그가 암 환자라는 사실은 찾아볼 수 없었다. 지금까지 모두 11번이라는 암세포가 재발했어도 그의 얼굴에는 환한 미소가 떠나지 않았으며 누구보다 맑고 밝았다. 바로 대장암 환자인 연세대의대 강남세브란스병원 암센터 이희대 소장의 이야기다.

필자가 2009년 1월 3일자, 신문을 읽다가 긍정의 힘이 인체에 큰 영향력을 끼치게 한다는 것을 이 기사 내용을 통해 다시 한 번 느꼈다.

유방암 수술 분야에서 손꼽히는 명의(名醫)인 그는 2003년 1월 대장암 진단을 받았다. 당시 그는 대장을 절반을 잘라내는 수술을 받았다. 이후 항암치료를 받았지만 암은 간과 왼쪽 골반으로까지 번져 나갔다. 결국 대장암 4기, 즉 흔히 말하는 말기 암까지 진행되고 말았다.

그의 암은 집요했다. 지금까지 모두 11번이나 재발했다. 이로 인해 간과 골반 뼈 일부를 잘라내는 수술을 5번 받았고 다섯 번의 고강도 방사선 치료도 받았다.

3~4개월씩 계속되는 항암치료도 두 번이나 받았던 그는 여느 환자들에게 처방했던 것처럼 모든 치료법을 고스란히 똑같이 받은 것이다.

그의 교수실 한쪽 벽에 걸린 대문만한 크기의 칠판에는 그가 이제껏 받아온 치료가 순서대로 빼곡히 적혀 있다. 더 이상 쓸 칸도 남아 있지 않았다. 하지만 그는 좌절하지 않았다.

"인생의 모든 고난은 동굴이 아니라 터널입니다. 언젠가는 끝이 있고 나가는 출구가 있죠.
그 고행을 이기면 예전보다 더 행복한 삶이 기다리고 있습니다. 그런 희망이 나를 이렇게 버티게 해줬지요."[7]

그는 골반 뼈 전의 암 치료 후유증으로 다리 전체를 관장하는 대퇴신경이 마비됐다. 이 때문에 두 개의 지팡이에 의지해 걷는다. 그럼에도 이제껏 환자 진료를 놓지 않았다. 지금도 매주 2~4개의 유방암 수술을 집도하고 있는 중이다.

마지막으로 이희대 교수는 이런 말을 했다.

"건강하게 살았던 사람도 죽고 나서 부검해 보면 몸속에서 암세포가 나올 때가 많다고 했습니다. 암세포는 항상 우리 몸 안에 있다는 의미이지요.
암은 마음의 병입니다. 마음이 바쁘고 스트레스를 이겨내지 못하면, 그 틈을 타서 암 세포는 자랍니다. 항상 즐겁고, 매사를 감사하게 여기세요."라는 말로 새로운 암 5기, 즉 희망의 암을 만들기 위해 노력하고 있는 중이다."[8]

암癌이라는 시한부 인생을 극복해 현재 행복한 삶을 이어나가고 있는 김상태 목사님의 예를 하나 더 말해 보고자 한다.

곧 칠순을 앞두고 있는 김상태 목사님, 이 분은 현재 위장도 없고 심지어 식도, 비장, 췌장도 없는 상태의 몸을 가지고 있다. 13년

전 찾아온 위암에 모두 빼앗겨 버렸던 것이다. 당시 그는 의사로부터 3개월이라는 시한부 삶을 선고받았다.

위암 4기, 생존확률 1% 미만, 181cm에 40kg의 풍전등화, 가냘픈 생명의 불꽃처럼 위태롭게 보이기만 하던 그가 이제 활짝 웃는 건강한 얼굴로 새로운 인생을 되찾은 것이었다.

이 사례는 얼마 전 방송프로그램에 소개된 사례이다. 1991년 우연히 병원에 들러 건강진단을 받던 김상태 목사님은 의사가 하는 말을 도저히 믿을 수가 없었다. 평상시 건강하다고 자부했던 그가 위암 말기 진단이라는 청천벽력 같은 의사의 말을 도저히 믿을 수가 없었다. 모든 암환자들 분이 똑같겠지만 의사의 말을 듣는 순간 세상의 끝자락에 서 있음을 느꼈다고 한다. 밤마다 찾아오는 죽음에 대한 공포는 암으로 인한 고통 정도는 아무것도 아니었다고 고백하고 있다.

사실 암 환자라면 길어야 6개월, 아니면 3개월도 버티지 못하고 죽음이라는 운명에 처해진다. 수술보다는 오히려 집에서 조용히 생을 마감하려고 할 것이다.

그러나 목사님은 끝까지 포기를 하지 않고 수술을 시도하였다. 수술 후에 병원에서 치료를 받는 도중에 성경구절에서 나오는 "웃으면서 살아. 늘 긍정적인 마음가짐으로 생활하라."라는 말에 깊은 감명을 받고, 그날부터는 아무리 통증이 와도 웃으면서 긍정적인 마음으로 치료에 임했다.

원래 타고난 성격이 꼼꼼하기도 하고 때로는 화도 잘 내는 성격을 지니고 있었기에 처음엔 쉽지가 않았다. 하지만 가급적이면 긍정적으로 세상을 바라보기 위해 노력했고 주위 사람들과 함께 웃음이 깃든 생활을 보내기로 작정을 하고 꾸준히 실천하면서 치료를 받아 나갔다.

방송국 기자가 인터뷰를 하는 도중, "암을 치료하는데 웃음이 효과가 있다고 생각하십니까?" 라는 질문을 받았다. 그러자 그는 기다렸듯이 주먹을 힘껏 쥐고 "웃음이 확실한 치료방법입니다." 라고 말했다. 그 말 속에 웃음이라는 긍정적 호르몬 생성은 정말 어떤 양약보다 더욱 큰 위력을 발휘했다는 의미가 내포하고 있었던 것이다.

진단을 받고 5년이 지난 뒤, 병원에서 진단결과 암세포가 제거되었다고 한다. 의사조차도 믿기 어려운 결과를 앞에 두고 현대의학으로는 도저히 해명하기 힘든 일이 발생한 것이다.

매사에 항상 기뻐하고 긍정적인 사고로 일상생활 자체를 즐기며 실천하고 있는 중이다.

김상태 목사님의 아내 정윤금 씨 역시 암환자였다. 남편의 위암 발병 10개월 전, 갑상선암을 진단받고 갑상선을 제거하는 수술을 받았다. 부부는 힘든 암투병 중에서 긍정의 마음을 잃지 않았다. 딸과 함께 온 가족이 편안한 마음으로 계속 웃었다. 특별한 이유가 없어도 웃음을 찾기 위해 노력했다.

그 결과 3개월 시한부였던 삶이 15년을 훌쩍 넘긴 지금까지도 건강하게 지속되고 있다.

김상태 목사님은 암과의 싸움에서 승리할 수 있었던 중요한 요인 중 하나가 바로 긍정이 깃든 웃음이라고 믿으며, 현재 암을 이기는 사람들의 모임을 주관하면서 웃음의 힘을 전파하고 있다.

어떤 사람은 암세포가 활발하게 활동을 벌여 암으로 인해 처절하게 그 사람을 죽음으로 몰아가게 만든다. 어떤 사람에게서는 그 암 세포가 전혀 맥을 못 추고 죽은 듯이 숨어있어 그 사람은 암인지도 모르고 건강하게 살다가 죽는다는 것이다.

암은 일종의 마음의 병에서부터 발생한다. 마음이 아프고 스트레스를 받기 시작하면 코티졸이나 아드레날린이라는 호르몬에 의해 암세포가 탄생하는 것이다. 이러한 암세포는 살판났다고 춤을 추듯 무럭무럭 잘 자란다는 것이다. 하지만 이러한 암세포도 항상 즐겁고 신나고 여유있게, 또한 감사하는 마음으로 인해 생겨나는 엔도르핀이라는 호르몬에 의해 처절하게 파괴되어 버린다.

암에 걸리지 않고 건강하게 잘 지내려면 어떻게 살아야 하겠는가?

간단하다. 우선 먼저 마음이 편하고 즐거운 마음으로 생활에 임하는 자세를 잊지 않고 생활하는 것이다.

마음을 다치게, 아프게 만들지 말며, 외부로부터 받은 스트레스를 긍정적인 마음으로 사고를 전환시키면 되는 것이다. 암세포가 숨을 영원히 못 쉬게 만들어야 한다는 것이다.
스트레스가 몸에 안 좋은 것은 유치원생들도 다 아는 사실이다. 신문이나 언론매체에서도 스트레스는 각종 질병을 유발하는 가장 기본적인 질병의 시작이라고 소개하고 있다.
우리는 각종 성인병을 포함하여 암을 발생시키는 원인 중에 가장 큰 요소를 차지하고 있는 스트레스라는 것에 주목할 필요가 있다. 스트레스는 암의 발생뿐만 아니라 치료에 있어서도 여러 가지 측면으로 볼 때 나쁘게 작용한다는 사실을 실험 결과를 통해서도 알 수 있다.

암 환자에게 있어 스트레스는 항암주사의 효과를 떨어뜨린다는 실험을 한 사람은 이탈리아 우딘대학의 소니아 조르젯이다. 그는 쥐들에게 스트레스를 주어 암에 걸리게 한 다음, 항암주사의 효과를 확인하는 실험에서 스트레스는 항암주사의 효과까지도 무디게 만드는 결정적인 요인을 제공했다는 사실을 실험을 통해 찾아냈다.

소니아 조르젯 박사는 암에 걸린 쥐를 두 개의 그룹으로 나누어 치료를 했다.

A그룹은 암에 걸렸지만 쥐들이 거주하는 방에 조명도 편안하게 조절을 하는 등 여러 가지 조건을 쥐들이 생활하는 데 최적의 상태를 유지해 준 상태에서 항암주사를 맞히며 치료를 했다. 그러나 다른 B그룹은 조명도 너무 밝게 하거나 온도도 적절하지 못하며 매일 하루에 1시간씩 다리에 플라스틱판을 묶어서 지내게 하면서 쥐에게 스트레스를 받게 만들어 놓은 상태에서 항암주사를 맞히고 치료를 했다.

후에 이들 치료방법이 쥐들에게 어떠한 결과를 미쳤는지 조사를 했더니 A그룹의 경우, 즉 암에 걸렸지만 편한 상태에서 항암주사를 맞은 쥐들은 치료받지 않은 쥐들보다 더 오래 살거나 암이 없어지는 결과를 얻어냈다. 반면 하루 1시간씩 다리에 플라스틱 판을 묶고 최악의 상태를 유지하면서 스트레스를 준 쥐들은 치료를 하지 않고 방치해 둔 쥐들처럼 빨리 죽었다.

  이 실험 결과에서 보는 바와 같이 스트레스는 비록 치료는 하고 있지만 면역체계를 무너뜨려 치료에는 아무런 도움을 주지 못하고 오히려 병을 더욱 악화시키는 결과만 가져온다는 것을 알아냈다.

  반면 편하고 밝은 마음으로 치료 받은 쥐들은 면역체계를 강하게 하고 치료에도 도움이 되어 빠른 치유로 이어지는 결과를 가져왔다는 것이다.
  즉, 암도 편하고 밝은 마음이 마음속에 자리잡고 있다면 약물은 좋은 치료방법으로 어우러지면서 암도 물리칠 수 있다는 것이다.
  이때 편하고 밝은 마음의 상태를 유지하기 위해서는 어떻게 해야 하는가?
  바로 늘 바른 마음 법을 잊지 않는 것이다.

- 첫째, 긍정적으로 생각하자.
- 둘째, 낙천적으로 바라보자.
- 셋째, 불평하지 않는다.
- 넷째, 늘 감사함을 잊지 않는다.

근심을 이기는 7가지 방법[9]
1. 가능하면 즉시 손을 쓴다.
2. 자기가 걱정하는 것이 무엇인지 냉정하게 생각해 본다.
3. 앞서 걱정하지 않는다.
4. 피하지 않고 두려움에 맞선다.
5. 어떤 일이든 되도록 느긋하게 생각하려고 애쓴다.
6. 운동이나 놀이 등을 통해 기분전환을 한다.
7. 믿을 만한 사람에게 근심거리를 털어놓는다.

인생반전 人生反轉 프로그램
'습관'

습관은 제2의 천성이라고 했다. '세 살 버릇 여든까지 간다.'라는 우리 속담에서도 알 수 있듯이 오랜 세월 동안 굳어진 습관은 천성보다도 강한 면을 갖고 있어서 습관을 교정하기까지는 인고의 노력이 필요하다.

만약 긍정적으로 짜여진 강력한 습관이라는 쇠사슬이 몸에 묶여져 있다면 당신은 하고자 하는 일에 보람을 느끼게 될 것이고 성취감을 맛보게 될 것이다.

습관이란 일종의 조건반사이다. 부메랑으로 예를 들어보자.

부메랑 손잡이에 희망과 긍정이라는 신념을 강인한 밧줄을 이용해 묶은 후 하늘 높이 던져 보도록 한다면 어떻게 되겠는가?

분명 희망과 긍정이라는 부메랑이 당신을 향해 힘차게 되돌아 올 것이다. 반면 부메랑 손잡이에 부정과 스트레스를 불어오게 만드는 신념을 강인한 밧줄을 통해 묶은 후 던져 보도록 하자.

어떻게 되겠는가?

분명 긍정의 부메랑과 같이 당신의 향해 힘차게 되돌아올 것이다. 물론 부메랑은 당신을 죽음의 무덤으로 인도해 줄 독화살로 변해서 말이다. 똑같은 부메랑이라도 어떠한 생각으로, 관점으로 바라보느냐에 따라 성취감을 느낄 수도 있고 아니면 당신을 죽음의 울타리로 안내해 결국 피해의식을 느끼게 만들 수도 있다는 것이다.

유명한 사회학자 클레이멘스톤은 똑같은 환경에서 똑같은 기간을 교육받고 성장해 온 사람들이 사회에서 각각 다른 지위와 부를 얻고 다른 차원의 삶을 살아가게 되는 궁극적 이유가 과연 무엇인가라는 의문에 대해 연구한 결과 하나의 모델을 발견해 냈다.

생각이 바뀌면 습관이 바뀌고, 습관이 바뀌면 행동이 바뀌고, 행동이 바뀌면 운명이 바뀐다는 과정을 도출해 낸 것이다. 그의 연구는 인간의 모든 행동은 결국 생각에서 시작되며 다양한 인간

행동들의 특성 중 자기 자신만의 독특한 방식으로 고착화된 것을 습관이라 하고, 사람들은 누구나가 매일 습관이라는 밧줄을 짜게 되는데 그 밧줄을 어떻게 짜느냐에 따라서 사회적 지위나 신분과 운명이 결정된다는 것이었다.

클레이멘스톤의 연구결과나 원효사상의 '일체유심조론' 등은 결국 생각을 어떠한 관점으로 바라보고 해석하느냐에 따라서 달라질 수 있다는 것이다.

자신의 마음에 강한 암시를 줄 수 있는 메시지를 큰소리로 외친다든지 중얼거리며 외운다든지 하여 지속적으로 반복하면 뇌세포가 이를 자기도 모르는 사이에 인식하여 받아들이게 되고 변화가 일어나게 된다는 것이다.

"당신은 열심히 운동하는 사람이군요."
"열심히 노력하는 모습이 참 보기 좋습니다."

이런 긍정적인 메시지라면 상대방은 무의식중에 자기암시가 되어 긍정적이고 적극적인 행동변화를 일으킬 수 있다는 것이다.

뇌에서 '긍정적이고 적극적이다' 라는 확신과 자신감을 입력시키고 그 입력된 메시지가 행동으로 분출되는 과정을 운동생리학으로 분석해 보자.

긍정적이고 적극적인 행동은 몸의 긴장을 완화시켜준다. 그러면 뇌파는 알파파로 충만해질 것이다. 충만해진 뇌파는 곧 다량의 뇌내 모르핀을 분비시킬 것이다. 분비된 뇌내 모르핀은 A10 신경 (쾌감을 느끼게 하는 신경)의 중추를 자극시켜 짜릿한 쾌감을 느끼게 만들어 결국 사람을 기분 좋게 하는 의욕중추를 자극시키게 만든다.

인생을 긍정적이고 적극적이고 낙천적으로 생각하며 생활해나가기 시작하면 쾌감중추인 A10 신경을 자극하는 조건반사가 습관화되어 간다. 예를 들어 외부에서 스트레스를 받았을 때, "긍정의 마음으로 감사합니다. 저를 더욱 강하게 만들어 주셔서 고맙습니다." 등처럼 말이다.

습관의 절친한 친구인 조건반사는 훈련을 통해 얼마든지 자신의 원하는 방향으로 조절시킬 수 있다.

긍정적인 마음가짐으로 세상을 바라본다면 조건반사는 긍정과 행복의 방향으로 바뀌며 교정될 것이다.

지금부터 조건반사를 통해 행동이 교정된 사례를 들어 보도록 하겠다.

미국의 심리학 박사 왓슨은 앨버트라는 소년에게 실험을 했다. 앨버트는 본래 흰 토끼를 매우 좋아했는데 그가 흰 토끼를 가까이 다가갈 때마다 뒤에서 징을 울려댔다. 이런 일을 몇 번이고 계속하자 앨버트는 마침내 토끼에게 공포감을 품게 됐다.

그런 다음 흰 토끼를 흰쥐로 바꿔 앨버트에게 같은 실험을 했다. 그러자 앨버트는 흰쥐에게도 공포감을 품게 됐다. 이번에는 흰쥐를 흰 토끼털로 바꿔 앨버트에게 같은 실험을 했다. 그러자 앨버트는 흰 토끼털에도 공포감을 품게 됐다. 여자가 흰 모피를 두르고 길을 걷는 것만 봐도 두려워하면서 스트레스를 크게 받았다. 그래서 정말 유감스럽게도 앨버트에게는 나쁜 후천적인 조건반사가 정착되고 말았다.

한편 피터라는 소년은 처음부터 흰쥐에게 공포감을 품고 있었다. 그래서 피터에게는 다른 조건반사를 시험해 보았다. 피터에게 흰쥐를 보여 주자 두려워서 달아나려 했는데 알사탕을 주며 머무르게 했다. 이 실험을 몇 번이고 되풀이 하는 동안에 피터는 흰쥐를 보고도 달아나려 하지 않게 되었다.

또 피터에게 알사탕을 주면서 친구들이 흰쥐를 귀여워하는 상황을 되풀이해서 보여 주었다. 그러자 피터는 어느 새 흰쥐를 귀여워하게 되었다. 이쯤 되어 피터에게는 더 이상 알사탕이 필요 없게 되었다. 피터는 흰쥐를 귀여워하는 소년으로 돌변해 있었기 때문이다.

조건반사를 통해 행동이 교정된 친구의 사례가 있다. 친구의 운동샵 입구는 늘 어둠침침해서 처음 방문하는 사람들은 거부감을 줄 수 있는 건물구조로 이루어져 있다. 여성들을 대상으로 하는 교육업종으로는 마이너스의 구조였던 것이었다. 건물구조는 일반 학원업종 기준으로 설계된 것이 아닌 장애인을 기준으로 설계되어진 구조였기 때문에 친구는 운동샵을 운영하는데 있어 계속해 크고 작은 어려움에 처해있었다.

어느 날, 고객이 고충을 토로했다.

"코치님, 우리 애가 지금 못 올라오고 있어요."
"지금 1층에서 울었어요."
"아니, 무슨 일이 있으셨는지……"
"예, 우리 애가 엘리베이터를 타려는 순간 갑자기 엘리베이터 천장의 형광등 빛이 꺼져 버린 거예요."
"애가 너무 무서워서 바로 집으로 달려갔어요. 어떻하죠?"

초등학생도 아닌 유치원생인데, 가끔 엘리베이터에서 일어난 불미스러운 일로 많은 상처를 받지 않았을까 친구는 내심 걱정을 많이 했다.

친구는 이 어린 수련생이 엘리베이터라는 기계로부터 받게 된 공포감과 두려움을 끊어주기 위해 조건반사의 행동으로 접근해 나갔다.

먼저 친구는 엘리베이터 안에 이 어린 수련생이 좋아하는 멋진 그림들을 붙여 놓았다. 처음엔 이 수련생이 엘리베이터 문이 열리자 두려워서 달아나려 했는데 이 수련생이 하고 싶은 게임프로그램을 제시하며 엘리베이터 안에 머무르게 했다. 다음 날에도 이 수련생이 좋아하는 그림들을 붙여 놓은 후 이 수련생이 좋아하는 게임 프로그램을 제시하며 머무르게 만들었다. 이 방법을 몇 번이고 반복한 끝에 이젠 친구가 없어도 이 수련생은 엘리베이터라는 기계에 더 이상 공포감이나 두려움 같은 거부반응을 갖지 않게 되었다.

이것은 조건반사와 행동주의 심리학을 조합한 치료법의 실례이다. 이 요법의 핵심은 사람의 성격이나 버릇처럼 선천적인 요인이라고 생각되는 것도 어떤 조건을 되풀이해서 부여하면 바꿀 수 있다는 생각에 근거를 둔다.

조건반사를 설명할 때는 노벨 의학상을 수상한 소련의 생리학자 파블로프의 실험이 자주 인용된다. 파블로프는 개에게 고기를 주면 침이 나오는 점에 주목해 고기를 주기 전에 반드시 종소리를 들려주었다. 그랬더니 고기를 주지 않고 종소리만 들려 줘도 개가 침을 흘리는 것이었다. 파블로프의 실험에서는 고기를 주면 침이 나오는 게 무조건 반사(선천성 반사)이고 종소리를 들려주면 침이 나오는 것이 조건반사(후천성 반사)이다.

후천성 조건반사는 우리의 일상생활에서 수없이 찾아볼 수 있다. 예를 들어 교차점에서 적신호를 보면 많은 사람들이 무의식적으로 멈춰서거나 전화벨이 울리면 아무런 생각 없이 수화기를 집어 들거나 더 빠른 지름길이 있는데도 불구하고 무의식적으로 날마다 다니던 길로 차를 몰고 가는 것 등은 무의식적인 습관 속에서 나오는 것이다.

성인병을 유발한 각종 질병 및 잘못된 생활습관 등은 이러한 후천적인 조건반사와 습관의 사슬들이 강하게 엮어져 굳어진 결과의 산물이라 할 수 있다.

화병이 터지면
약도 없다

- 가슴속에서 불덩이가 활활 타오르는 듯하며 무엇인가 치밀어 오르고 답답하다.
- 사는 데 아무런 재미도 느낄 수가 없으며 한숨이 나오고 울고만 싶은 기분이다.
- 어디든 훨훨 떠나고 싶은데 갈 데는 마땅하지 않고 살아도 사는 것 같지 않다.

'한국인의 병'이라는 화병의 대표적인 증상이다. 최악의 불황, 사오정 시대 등으로 인해 사회 전반적인 분위기가 가라앉으며 위와 같은 고통을 호소하는 사람들이 많다. 우울증과는 좀 다른, 우리나라 특유의 속터지고 답답한 문화와 관련된 정신의학적증후군인 화병에 걸린 사람들이 늘고 있다. 대개 화병과 관련된 생활 경험은 사업실패, 스트레스, 가정불화, 좌천 등 비교적 최근의 경험들이며 현재도 진행 중인 사건들이다.

과거에 화火병이라고 하면 '고부간의 갈등' 등으로 여성들에게서 찾을 수 있는 대한민국만이 가지고 있는 유독 강한 일종의 '울화병'이었다. 화병은 세계 정신의학회에 등록돼 있으며 보통 울화병이라고 한다.

원인은 스트레스가 해소되지 못하고 오랫동안 가슴에 쌓여 발생한다는 것이다. 최근 평생 직장 개념이 무너지면서 직장에서의 경쟁이 치열해지고 가정에서도 차츰 가장의 권위를 상실하면서 남성에게도 화병이 많이 나타나고 있다.

"통계청에 따르면 2012년 50대 자영업자의 수는 총 175만 6,000명에 달해 전체 자영업자의 30퍼센트 이상을 차지했다. 대개가 소매업, 음식점 등 진입장벽이 낮은 창업에 뛰어든 것이다. 하지만 창업 3년도 지나지 않아 휴·폐업한 50대 자영업자가 전체의 47퍼센트에 달하는 등 창업은 아무나 하는 게 아니라는 사실을 여실히 보여주고 있다. 이는 경험이 부족한 은퇴자들이 무턱대고 창업에 나선

결과다. 여기에다 엎친 데 덮친 격으로 경쟁마저 치열해 승자는 없고 대부분 패자로 전락한다."[10]

특히 남성의 경우 감정표현을 억제하고 불만을 가슴속에 쌓아두는 것을 미덕으로 여기는 문화적 배경 때문에 드러나지 않는 화병 환자가 점점 증가하고 있다고 한다.

요즘 직장인들의 고달픈 삶은 잠재적으로 화병을 일으킬 수 있는 요소들을 발견할 수 있다. 마음속에 내재되어 있는 에너지를 발산하지 못하는 환경 속에 사는 40대들은 스트레스를 동반한 화병의 굴레에서 벗어나지 못하고 있다.

요즘은 머리 위쪽에서 열이 많이 나고 호흡곤란, 식욕감퇴, 불면증 등으로 병명을 모르고 병원을 찾아왔다가 화병이라는 진단을 받고 놀라는 사람들이 많아졌다는 것이 신경정신과 전문의들의 진단이다.

마음에 억울함이나 한이 남아 있는 듯한 느낌이 들고 자주 화가 나거나 삶이 허무하게 느껴지는 것도 화병을 일으키게 만드는 증상이다.

미국 아이오와주립대학교에서 다음과 같은 연구를 했다.

연구진은 지원자를 모아서 화를 터뜨리는 좋은 방법에 어떤 것이 있는지를 실험했다. 먼저 지원자를 따로 격리시킨 후 모욕적인 논쟁을 시켜 화를 불러일으켰다. 그리고 잔뜩 화가 난 상태에서 한쪽 그룹은 샌드백을 치면서 화를 터뜨렸고, 한쪽 그룹은 아무것도 하지 않았다. 과연 샌드백을 치며 화를 터뜨린 쪽은 진정이 되었을까?

그 결과는 흥미로웠다. 화를 터뜨린 쪽과 그렇지 않은 쪽의 공격성을 측정한 결과, 터뜨린 쪽의 공격성이 두 배나 높게 나온 것이었다. 아이오와주립대학 심리학과 브레드 부시맨 교수의 말이다.

"사람들이 화를 터뜨리는 것은 어떻게 하면 좀 더 공격적이 될 수 있는지 연습하는 것과 마찬가지입니다. 주먹으로 치고 발로 차고 소리를 지르는 그런 행동들은 사람들을 더 화로 가득 차게 하고 더 공격적으로 만드는 것이죠. 결과적으로 화를 잘 내는 사람은 화를 조절하는 사람에 비해서 뇌졸중에 걸릴 확률이 무려 2배나 높았으며, 화를 무소신 억누르는 사람의 경우는 고혈압의 발생률이 높있습니다."

이 실험의 결과를 종합해 보면 화를 잘 터뜨리는 사람은 공격적으로 변하게 되어 뇌졸중으로 이어지게 만들어 위험하게 하고, 화를 마음속으로 억누르는 사람은 고혈압으로 이어지게 만들어 위험에 빠질 수 있다는 것이다. 따라서 화는 자신의 상황에 맞게 적절하게 대처해야 한다는 것으로 슬기롭게 지혜가 필요하다 하겠다.

틱낫한 스님의 저서 화에서도 "화가 일어났을 때 우리는 호흡과 보행을 자각함으로써 자각의 씨앗이 마음속에서 싹을 틔워서 에너지를 생성하게 해주어야 한다. 화에서 벗어나는 길은 여러 가지가 있지만, 내가 이 세상에 홀로 존재하는 생명이 아니라는 것을 이해하고 통찰하는 것이 가장 깊은 위안을 얻기 위한 최선의 길임을 우리는 늘 기억해야 한다."라고 말했다.[11]

화를 폭발시키면 심장질환에서 암에 이르기까지 갖가지 건강상의 위험에 빠질 수 있다는 것을 알았다.

자! 그러면 불행하게도 화를 참으면 화를 내는 것과 마찬가지의 신체적 반응이 어떻게 움직이게 되는지에 대해 부연 설명을 하도록 하겠다.

발끈하며 화를 내도 나쁘고, 속으로만 부글부글 끓이는 것도 좋을 것이 없다면 어떻게 하는 것이 건강을 해치지 않는 방법일까?

간단히 말하면 자기 자신이 분노나 나쁜 감정들을 스스로 다스리고 관리해야 한다는 것이다. 즉, 감정을 묻어버리지도 않고 그렇다고 감정에 굴복하지 않는다는 것이다.

화는 생리학적으로 볼 때도 건강에 전혀 도움이 되지 않는다. 화를 내게 되면 근육이 수축되고, 면역세포의 활동이 약화되며, 두뇌 신경회로가 교란되고 분노하면 할수록 스트레스가 가중되어 결국 아무리 운동을 열심히 한다 해도 일찍 죽게 되어 육체적으로나 정신적으로 상당한 손해를 입게 된다.

그 결과 혈액순환은 나빠지고 말초혈관에 산소가 공급되지 않게 되므로 조직이 경과된다. 이때 인체 내부에 들어온 산소는 자신의 역할을 수행하기 위해 강력한 산소로 돌변해 바뀐다.

이처럼 강력하게 바뀌는 산소가 활성산소인데, 이 활성산소는 몸속의 지방과 결합하여 노화물질인 과산화지질로 바뀌고 이 과산화지질은 칼슘이 달라붙기 쉬워 나중에 혈관이 딱딱하게 굳는 혈액순환 장애를 일으키며 DNA 유전자의 변형으로까지 일으켜 급기야는 암까지 발생시키는 치명적인 독성물질로까지 이어질 수 있다.

또 화를 내면 혈당이 올라가 당뇨병에 걸리기도 한다. 인체에는 혈당을 내리는 인슐린과 혈당을 올리는 호르몬인 글루카곤이 있는데 혈당을 높이는 호르몬인 글루카곤이 분비되기 전에는 반드시 아드레날린이나 노르아드레날린이 먼저 분비되고 췌장으로 하여금 글루카곤을 분비하도록 유도시켜 혈당치를 높인다는 것이다.

그러므로 자주 화를 내거나 흥분하는 일이 되풀이 되어 아드레날린이나 노르아드레날린이라는 호르몬이 분비될 확률이 높아지고 그 빈도가 잦을수록 혈당의 수치는 자꾸만 올라가는 악순환이 계속해 이어진다는 것이다.

그러면 화나 분노를 해결하려면 다음과 같은 분노 조절 비결을 알아야 한다.

첫째, 상대방의 입장이 되어 거꾸로 생각해 보고 역지사지易地思之의 생각으로 상대방의 장점을 찾아내는 것이다.

화를 잘 내는 사람은 다른 사람이 취하는 행동의 동기를 불신하는 경향이 있다. 다른 사람의 행동이 무례하다든지 무신경하다든지 하는 것이 자신의 마음에 거슬린다 해도 다른 사람의 입장에 서서 초연한 마음의 자세로 임하는 것이다.

둘째, 모든 것이 '남탓'이 아니라 '내 탓이다', '내가 잘못했다' 라는 마음가짐으로 생활에 임하는 것이다.

남을 배려하는 마음으로 상황을 판단한다면 감정이 누그러지고 마음이 편안해지는 것을 경험하게 될 것이다.

셋째, 내가 화를 내면 손해인지 이익인지에 대해서 이해득실을 꼼꼼히 따져본다.

화가 날 때마다 스스로에게 이렇게 질문해 보자.

첫째, 화를 낼만큼 그토록 이 상황이 중요한가?

둘째, 내가 이런 상황에서 화를 내는 것이 적합한가?

셋째, 화를 낸다고 상황이 달라질 수 있을까?

넷째, 이런 상황에 화를 내어 대응할만한 가치가 있을까?

이런 생각을 늘 염두에 두고 생활에 임한다면 화, 분노에 대해 대처할 수 있는 합리적인 사고의 틀이 깊어지고 그러다 보면 화는 가라앉게 될 것이다.

분노를 관리하는 10가지 방법[12]

분노는 오렌지와 같다고 한다. 껍질을 까면 여러 쪽으로 갈라지는데 노랗게 나오는 변명들, 합리화시키는 말들, 그리고 핑계와

슬픈 자화상들이 나오게 된다. 분노를 관리하려면 그런 것들을 쓰다듬어야 한다.

1. 성을 내라

분노를 관리하는 가장 원시적이고 드라마틱한 방법은 바로 화를 내고 나서 잊어버리는 것. 본능으로 승부하는 것인 만큼 뒤탈이 없다.

2. 참아라

성내는 것 못지않게 원시적인 방법이지만, 문제는 깔끔하게 해결되는 게 장점. 다만 참을 忍자를 세 번 이상 먹으면 암에 걸린다는 소문이 있으니, 그 이상은 참지 말길······

3. 외면하라

분노는 노려보는 눈이다. 계속 노려보다가 눈물이 핑 도는 눈이다. 그런데 눈을 살짝 돌리면 그럭저럭 괜찮다. 음악을 듣는 것도 괜찮고 그림을 그려보는 것도 괜찮다. 기분전환을 하라. 외면의 반대말이 내면은 아닌데, 외면해보면 내면이 편안해진다.

4. 분노를 들여다보라

내가 왜 성내고 있을까? 내가 성내고 있는 것이 혹여 나를 기만하려는 마음이 만들어내는 건 아닐까. 이 분노는 의미있는 것일까. 이 분노는 고결한 것일까. 이 분노는 다만 자존심이 불러일으킨 대리전은 아닐까. 그리고 이 분노가 과연 그 자존심을 세울 수 있을까. 결국 분노만이 남아 자해의 방식으로 문제를 풀어가고 있는 게 아닌가.

5. 거울을 보라

가만히 자신을 들여다보라. 성내고 있는 자신의 얼굴 모양새를 들여다보라. 움직이는 근육들을 지켜보라. 성내고 있는 미운 자신의 얼굴을 묵묵히 바라보라. 분노하는 자신을 가만히 들여다보면, 존재에게 침입한 거칠고 맹목적인 감정 하나를 발견할 것이다.

6. 분노를 먹지 마라

우린 분노를 꾸역꾸역 삼킨다. 그러지 마라. 분노를 자신의 것이라고 생각하시 마라. 분노와 자신을 구별하라. 성내고 있는 자신은 한때의 자신이다. 곧 지나간다. 지금 분노가 자신을 급습하고 있지만 분노를 받아먹진 마라.

7. 많은 분노를 생각하라

세상을 살았던 많은 사람들이 분노했다. 그들은 분노했지만 곧 웃기도 했고 다들 평온한 얼굴이 되어 죽었다. 많은 분노는 격분이다. 다혈질의 농간이다. 분노가 값어치 있었던 경우는 자신을 위한 분노가 아니라 타인을 위한 분노일 때였다.

8. 용서하라

분노는 마음의 출렁임이다. 용서(容恕)는 마음을 같이 담는 그릇이다. 증오의 대상과 나를 같이 담아 평탄하게 하는 것, 그것이 용서다. 물론 쉽게 용서해선 안 된다. 용서는 모든 출렁임을 견딘 뒤에 해야 진짜다. 고통받지 않은 채 용서하지 마라. 분노는 공부다.

9. 분노 이전을 생각하라

성이 났을 때는 성이 나기 이전을 생각하라. 그땐 고요했는데 왜 지금은 이리 시끄러울까를 생각하라. 분노 이전엔 분노가 없었다. 그렇다면 이건 어디서 왔는가. 이 외래의 감정에 내가 왜 미쳐야 하는가를 생각하라. 분노 이전이 있다면 분노 이후가 있다. 이전과 이후를 생각하면 분노와 잘 사귈 수 있다.

10. 미안해하라

내가 감히 무엇에 성낼 수 있겠는가. 분노는 오만이다. 겸허한 영혼은 분노할 수 없다. 분노조차 부끄럽게 받아들여라. 쑥스럽게 웃어버려라. 그렇게 하기 쉽진 않겠지만 자기가 없다면 분노도 없다는 걸 명심하라. 분노가 관리되지 않으면 자기자신조차 진짜 없다. 분노가 인간을 삼킬 테니까.

세 번째
생각

운동은
우리 몸의 활력소

적당한 신체활동은
건강의 초석이다

 사람들은 건강증진이나 원만한 대인관계, 자신감 향상 등 여러 가지 이유로 다이어트를 원한다. 직장인의 50% 이상이 체중조절을 하고 있다는 점을 생각한다면 건강을 지키고 비만으로 생기는 여러 질병을 예방하고 싶어 한다.

 그럼, 인체는 어떻게 지방을 축적하는 것일까?
 지피지기면 백전백승이라고 했다. 지방이 몸속에 어떻게 축적되어 가는지 흐름을 이해한다면 필요 이상의 지방축적을 사전에 대비할 수 있을 뿐 아니라 다이어트의 성공확률도 높일 수 있다.

 우리의 신체가 작동하기 위해서는 에너지를 필요로 한다. 이 에너지는 단백질과 탄수화물, 지방으로부터 나온다. 단백질은 신체를 형성하고 유지하며 회복하는데, 탄수화물과 지방은 활동을 위한 에너지에 쓰인다. 신체가 필요 이상의 에너지를 섭취하게 되면 이를 지방세포로 이루어진 지방조직으로 축적한다. 지방세포는 상당한 저장공간을 가지고 있으며 체중이 늘어나고 줄어듦에 따라 확대 또는 축소된다.

오늘도 날씬한 몸매를 되찾기 위해 고군분투하는 후배가 있다. 칼로리를 줄이는 식이요법에 출퇴근을 걷기운동을 하고 있다. 목표점을 향해 매진하는데 돌아오는 건 배고픔과 식욕! 고된 운동 후에 찾아오는 식욕을 억제할 길은 없고, 당기는 대로 먹어야 되나? 회의감으로 고민하고 있다.

필자는 후배에게 걷기와 같은 저강도 운동을 하루에 약 40분 정도, 일주일에 3~4회 해주면 오히려 식욕이 억제되고 효과적인 다이어트를 할 수 있다고 충고했다.

다이어트를 위해 운동은 필수라는 것은 공감하지만 운동 후 왜? 배가 고픈 것일까? 라는 의구심도 한 번쯤 해봤을 것이다. 힘겹게 운동하고 나서 먹는 꿀맛 같은 밥! 시원한 맥주 한잔! 등은 고강도 운동을 몰아서 하기 때문이다. 일주일에 몰아서 하는 고강도 운동은 식욕을 더욱 높여 오히려 살이 찔 수 있다.

식욕을 잡는 저강도 걷기 운동으로 생활화하자.

1. 운동 강도는 최대 호흡량의 30~60% 정도로 유지하며 걷자.
2. 운동 시간은 하루 30~40분 정도가 적당하다.
3. 운동 횟수는 7330으로 일주일에 3일 30분 걷기운동으로 생활화하자.

적당한 걷기는 인체에 많은 긍정적인 영향을 끼치게 만든다. 혈액순환 개선과 체중감소 및 심혈관계 질환과 당뇨병 수치를 떨어뜨려 암을 예방할 수 있도록 도와준다.

걷기운동을 꾸준히 하면 뇌기능의 노화를 억제하는 효과가 있다는 연구결과가 나왔다.
미국 피즈버그 대학의 커크 에릭슨 생리학 교수는 노인이 걷기운동을 오래 계속하면 뇌의 기억중추인 해마의 크기가 커진다는 연구결과를 헬스데이 뉴스에 발표했다.

"평소 운동을 하지 않는 치매증상이 없는 노인 120명을 두 그룹으로 나누어 한 그룹은 매주 3번씩 3~45분 동안 걷기운동을, 다른 그룹은 스트레칭과 근육강화운동을 1년 동안 계속하도록 했다. 1년 후 자기공명영상으로 뇌를 스캔한 결과 걷기운동 그룹은 뇌의 기억중추인 해마의 크기가 실험 전에 비해 2% 커진 데 비해 스트레칭, 근육운동 그룹은 오히려 1.5% 줄어든 것으로 나타났다."[13]

올바른 신체활동증진을 필자는 다음과 같이 정의했다.

- 건강한 삶을 누리기 위해서는 최대한 많이 움직이는 것이 좋다.
- 개인의 건강상태에 따라 자신만의 운동 목표를 설계한다.
- 평소 운동량이 적다면, 서서히 운동량을 늘려나가는 노력이 필요하다.
- 7330을 생활화하자. 일주일에 3일 30분 운동을 꾸준히 실천하자.
- 고령자는 일상생활에서 운동량을 늘리고 무엇보다 유연성과 균형감각을 병행하는 것이 좋다.
- 만성질환이 있는 분은 과격한 운동보다는 저강도 운동법을 처방받아 꾸준히 관리받아야 한다.

우리나라 중년들의 절반 이상은 평소에 운동을 하지 않는다고 했다. 과도한 업무량과 잦은 회식, 만성피로증후군으로 인한 피곤감 등은 신체활동량을 부족하게 만든다. 이럴 때 일수록 신체활동량을 늘려야 한다. 걷기 등 단순한 신체활동이라도 좋다. 매일매일 꾸준히 신체를 이리저리 움직이다보면 어느 새, 누적된 피로를 회복시켜 주고 삶의 활력을 느낄 수 있을 것이다. 성인병의 예방은 꾸준한 신체활동에서부터 시작된다는 사실을 잊지 말자.

국립중앙의료원(2010)은 운동의 종류에 따라 효과도 달라진다고 했다.

유연성 운동
근육이나 인대 등을 이완시켜 주고, 관절의 움직일 수 있는 가동범위를 확대해준다.
〈효과〉 - 피로회복, 혈액순환 촉진, 부상방지

유산소운동
많은 양의 산소를 사용해 낮은 강도로 장시간 할 수 있는 운동이다. 몸 안의 지방과 탄수화물을 줄일 수 있어, 체중조절에 효과적이다.
〈운동 종류〉 - 걷기, 줄넘기, 자전거타기

무산소 운동

산소를 사용하지 않고 단 시간 동안 강한 힘을 내는 운동이다. 지방분해에는 도움을 주지 않지만 근육량을 증가시켜 주는 데 효과적이다.

〈운동 종류〉 - 팔굽혀펴기, 단거리 달리기, 윗몸일으키기

근력운동의
탄력성

건강은 너무나 소중하다. 건강을 잃은 후에 후회하는 사람들이 많다. 소중한 건강을 지키기 위해서는 노력과 함께 올바른 방법이 필요하다.

30대 후반과 40대 중년의 건강이 100세의 천수를 누리느냐, 아니면 평균수명도 채우지 못한 채 죽느냐에 기준이 될 수 있다고 한다. 우리 몸은 나이가 들면 성장호르몬과 성호르몬이 감소되면서 자연스럽게 근력도 노화된다.

근육량은 근력강화 운동을 하지 않을 경우 10년마다 약 5%씩 감소된다. 나이가 들수록 팔다리가 가늘어지는 반면에 배가 나오는 것이 이 때문이다. 따라서 노화예방전문가들은 한결같이 꾸준한 운동을 통해 근육의 노화를 예방해야한다고 말한다.

노화방지를 위해 지금부터 근육이라는 메커니즘을 이해할 필요가 있다.

허벅지가 두꺼워질까봐 혹은 근력운동으로 근육이 불룩 튀어나와 옷이 낄까봐 고민하고 있다면 근육의 원리를 아직 이해하지 못한 사람들이다.

여성들이라면 운동을 해도 허벅지가 굵어질 가능성은 거의 없다. 여성은 기본적으로 근육을 키우는 테스토스테론이 적은데다 허벅지 근육은 짧은 시간 운동해서 커지지 않는 특성을 갖고 있기 때문이다.

젊고 건강하게 사는 것은 중년들의 소망이다. 그러나 잘못된 생활습관과 운동부족 때문에 이러한 소망이 좌절된다면 안타까운 일이다. 젊고 건강하게 살아가기 위해 클리어항노화센터 임재현 원장이 말하는 '활력건강법'을 곱씹어보자.

클리어항노화센터 임재현 원장은 '활력건강법'을 이렇게 정의 내렸다.

"건강을 위해서 운동과 식이요법이 중요하다는 점은 누구나 알고 있지만 성별, 연령, 체질에 따라 달라진다는 점을 간과하기 쉽다. 개인차가 있으므로 자신의 체질에 맞는 운동과 식이요법을 선택하는 것이 필수이다. 또한 운동에서 중요한 것은 근육이며 스무 살 때부턴 근육이 퇴화하기 시작하니 같은 사람이라도 스무 살 때 근육양과 예순 살 때 근육양을 비교해보면 40% 가량 줄어든다. 노화에 따라 소실된 근육을 키워주는 것이 중요하므로 연령, 성별에 따라 운동법이 달라져야한다."[14]

과체중 때문에 옷이 꽉 낀다면 이젠 정신을 바짝 차려 근력운동에 신경쓰자. 슬림하면서도 건강미가 돋보이는 몸매의 관건은 '잔근육'이다. 울퉁불퉁한 근육이라고 근육이 많은 것은 아니다. 잔근육이 알짜배기다.

고객과 상담할 때 어김없이 질문받는 것이 있다. 그것은 근력운동을 하게 되면 어깨와 허벅지가 두꺼워질까봐 하는 걱정이다.

많은 중년여성들이 근력운동을 하게 되면 몸이 두꺼워져 기피하려는 고정관념이 있다. 하지만 걱정하지 말자. 여성은 근육량이 적고 근육이 지방 밑에 자리잡고 있기 때문에 웬만한 근력운동으로는 근육이 불룩 튀어나오지 않는다.

러닝머신, 걷기, 스트레칭 등 유산소운동만을 지향하는 사람들이 많다. 물론 운동을 처음 접하신 분들이나 체력을 회복하려는 분들에게는 좋은 운동방법이다. 하지만 유산소운동은 소모성 운동이다. 산소를 동원해 탄수화물과 지방을 태우는 유산소운동으로만 운동을 하면 주로 지방과 탄수화물이 타지만 단백질도 같이 줄어든다는 사실이다. 단백질 덩어리인 "근육"도 함께 줄어든다는 것이다.

유산소운동은 근력운동의 보조적인 운동이다. 만약 요요현상 없이 다이어트를 완벽하게 성공시키고자 한다면 반드시 근력운동을 지향해야한다. 근력운동으로 기초대사량을 늘린 뒤 늘어난 대사량으로 지방이 잘 탈 수 있도록 유산소운동을 병행하는 것이 다이어트 운동요법의 핵심원리이기 때문이다.

근육은 인간의 활동을 만드는 생명의 기계이다. 인간의 근육이 뛰고 달리는 기계적 작용을 할 수 있도록 하는 것이 바로 '글리코겐' 이다. 근육 속에 이런 글리코겐을 많이 포함하고 있으면 결국 더 많이 신체활동을 활발히 할 수 있다.

그럼 근육을 크게 하기 위한 방법은 무엇인가?

- 힘의 화학적 원동력인 글리코겐 함유량을 늘리는 것이다.
- 근육 속에도 산소를 저장하는 마이오글로빈 함유량을 늘리는 것이다.

음식물 섭취 ⟶ 화학적 에너지 ⟶ 기계적 에너지
(영양분으로 바뀜) (근육)

 인간은 약 650개의 근육을 가지고 있다. 이 각각의 근육들은 또 수많은 근다발들로 이루어져 있고, 이 근다발들은 수많은 근섬유들로 이루어져 있다. 이 하나의 근육섬유가 발휘할 수 있는 힘이 얼마나 될까? 바로 5g이다. 즉, 하나의 근육다발에는 5만 개까지의 근섬유가 들어 있다. 그래서 하나의 근육다발이 줄잡아 250kg을 지탱할 수 있다.

 근육을 발달시키는 조건은 무엇일까?
 바로 자극을 주는 것이다. 근육은 요술방망이와 같아서 사용하면 할수록 커지게 되는 것이다.

자극을 받으면 우리 몸은 그 자극에 대해서 반응을 일으키게 된다. 외부에 어떤 힘든 자극을 받을 때 우리 몸은 그 자극을 이겨내기 위해서 더 많은 혈류를 보내고, 에너지를 만들 수 있는 메커니즘으로 되어있다.

에너지를 더 많이 만들 수 있는 영양소를 공급하며 대항하기 시작한다. 그런데도 계속 자극이 반복되면, 그 자극을 이겨내기 위해 아예 근육의 용량을 늘린다. 그래서 근육이 커지게 되는 것이다. 바로 자극에 대한 반응이 지속되어 몸이 변하게 되는 것이다.

근육이 울퉁불퉁한 보디빌딩 선수들이 매니저와 함께 운동하는 이유가 여기에 있다. 기구를 통해 근육은 자극을 받아서 반응을 만들고 그 반응들이 적응이 되면서 조금씩 커지는 원리를 알고 있는 것이다.

'쿨가이' 황진식 트레이너가 제시한 〈잔근육을 만드는 9가지 수칙〉을 보면 다음과 같다.[17]

1. 아침식사는 반드시
계란 흰자처럼 빨리 흡수되는 식품이 좋고, 흡수가 느린 찜이나 탕류는 피해야 한다.

2. 물은 하루에 1.5리터 섭취

물을 충분히 섭취하면 허기를 채워 음식을 방지하며, 체내 노폐물 배출, 혈액 순환 등에 도움을 준다.

3. 잠은 하루 7~8시간

수면 부족은 신체 휴식 시에 일어나는 근육 회복 기회를 놓치는 것이다.

4. 운동을 시작하기 전에는 커피 한 잔

커피 속의 카페인이 지방 분해를 촉진해주고 각성효과를 준다.

5. 운동 후, 저녁식사 때까지 공백이 길다면 약간의 간식을

아몬드 한 움큼이면 충분하다.

6. 저녁식사 후 천천히 산책

20분 정도 적정속도로 걷는 것도 충분한 운동효과를 낸다.

7. 비타민은 충분히

다이어트를 시작하면 미네랄과 비타민이 부족해지기 쉽다. 비타민제 혹은 비타민이 함유된 식품을 즐겨 먹자.

8. 발 마사지

경락과 연결된 내장 기관의 기능을 활발하게 만든다.

9. 45분 간 반신욕

체내 노폐물을 배출하는데 도움을 준다. 반신욕 후에는 꼭 수분 섭취를 해준다.

천천히 걷기를
몸에 선물하자

암, 심장병, 당뇨병, 뇌졸중 등 듣기만 해도 끔찍한 질병들의 출발은 평소의 작은 생활습관에서 비롯된 것이다. 말하자면 습관병이다. 참으로 하찮은 평소의 습관이 병을 만들기도 하고 약을 만들기도 한다.

현대 중년들은 걷기가 턱없이 부족한 생활을 하고 있다. 옛 사람들은 하루 3만 보를 걸었지만 지금은 3,000보밖에 걷지 않는다는 게 통계다. 그 중 제일 안 걷는 사람이 중년 남성이다. 자가용을 탈 형편이 되면 거의 절망적이다. 여성들은 그래도 시장이나 백화점 나들이가 잦아 걷기가 부족하지 않는 편이다.

일본 보건성에서 행한 걸음과 건강지수에 대한 연구 발표는 아주 놀랍다. 많이 걸을수록 양질의 콜레스테롤이 증가하고 혈압이 떨어졌다는 보고다. 30분을 걸으면 엔도르핀이 분비되는 것도 우리의 경험으로 알 수 있다.

그뿐 아니다. 다리 근육의 수축과 이완 운동은 마치 우유를 짜듯 다리의 정맥혈이 심장으로 돌아가게 해 주는 데 큰 역할을 한다. 발에서 심장까지 중력을 이겨내고 정맥혈을 올려 보내기에는 심장의 펌프 작용만으로는 역부족이다. 걷지 않으면 하지 울혈이 오고, 혈액순환 장애를 일으켜 혈전 형성을 촉진하는 등 문제가 심각해질 수 있다.

유산소운동의 첫걸음! 걷기습관을 들여라.
체중감량, 건강증진의 첫걸음이라 할 수 있는 유산소운동은 달리기, 수영, 줄넘기, 등산 등 에너지 소모량은 다르지만, 어느 종목이 '더 효과적'이라고 단정할 수 없다. 사람마다 좋아하는 종목이 있고 성향, 취미 등이 모두 다르기 때문이다.
중요한 건 20분 이상 유산소운동을 해야 에너지 소모량이 커진다는 사실이다. 가장 쉽고 기본적이면서도 효과가 좋은 운동, 특별한 기구 없이 남녀노소 누구나 쉽게 할 수 있는 걷기습관을 들이자. 과체중인 사람이나 노인, 심장병 환자에게 좋으며, 근육량이 적은 사람, 운동을 막 시작하려는 사람들에게 걷기운동을 강력히 추천한다.

걷기의 효과를 연구한 미국의 Pollock박사는 중년여성을 대상으로 강도 높은 걷기운동 프로그램을 적용한 결과, 조깅과 자전거로 운동을 실시한 여성만큼의 심혈관계 위험인자의 개선이 나타났다는 흥미 있는 연구성과를 얻었다. 이와같이 최근에는 고령자 또는 비만 등의 생활습관병을 개선하기 위한 걷기가 권장되고 있다. 즉, 지방의 분해, 혈당감소, 혈압의 저하, 정신적 만족감 등을 위한 수단으로 많이 알려져 있다.

걷기 운동의 효과

1. 심장병을 예방한다

규칙적으로 걷기 운동을 하면 심장의 기능을 개선시켜 심장마비를 37%나 예방할 수 있다.

걷기는 지방을 연소하는 효과가 뛰어나 혈액순환을 원활하게 하여 심장병을 예방하는 데 도움이 된다.

2. 골다공증을 예방한다

아무리 칼슘을 많이 섭취해도 근육을 사용하지 않으면 칼슘이 빠져나가 뼈가 약해지고, 심할 경우 골다공증이 생긴다. 특히 여성의 경우 폐경기 이후 골다공증이 생기기 쉬우므로 근육에 무리를 주지 않는 걷기 운동을 꾸준히 한다.

3. 혈액순환을 원활하게 해준다

걷기 운동을 하면 혈압을 내리는 작용을 하는 도파민 호르몬이 증가하고 혈압을 올리는 카테콜라민 호르몬의 분비가 억제되어 혈액의 흐름이 원활하게 되어 성인병 예방에 효과적이다.

4. 당뇨병을 예방한다

과식이나 운동 부족도 당뇨병의 원인이 된다. 하지만 적당한 정도의 혈당을 소비하면 고혈당의 상태가 되지 않는다. 하지만 자신의 몸 상태는 생각하지 않고 무리를 하면 오히려 악영향을 끼칠 수 있으므로 주의한다.

5. 비만을 예방한다

복부의 지방을 줄이고자 하는 사람, 콜레스테롤이 걱정되는 사람은 격렬한 운동보다는 걷기와 같이 편한 운동을 장시간 계속하는 것이 효과적이다. 체중 1kg을 빼기 위해서는 7,000kcal 정도를 소비해야 한다.

6. 혈압을 떨어뜨린다

고혈압을 개선하는 데는 걷기가 가장 좋다. 턱걸이, 팔굽혀펴기 등 한순간에 힘을 쓰는 운동도 말초혈관을 압축하므로 혈압이 올라간다. 혈압을 내리는 데 효과가 있는 것은 근육의 수축과 이완이 반복되는 걷기 운동이다.

7. 스트레스 해소에 도움이 된다

걷기를 하면 뇌에 적당한 자극을 줘 자율신경의 작용을 원활하게 해 스트레스 해소에 도움을 준다. 따라서 걷기를 통해 제때 스트레스를 풀어주면 스트레스로 인한 각종 정신질환을 예방할 수 있다.

걷기 운동을 효과적으로 하려면

자세가 바르지 않으면 쉽게 피로해지고 온몸에 무리가 온다.
걸을 때도 마찬가지이다. 몸이 좌우, 상하 균형을 잃은 채 걷다 보면 일부 근육, 관절에만 집중적인 부하가 걸려 허리, 등에 통증이 오는 근·골격계 질환을 유발할 수도 있다. 따라서 걷기 운동을 할 때는 바른 자세를 유지하고, 자신의 몸 상태에 맞춰 무리하지 않게 걷는 것이 좋다.

1. 자신의 몸 상태에 맞춰 걷기를 한다

자신의 몸 상태를 무시하고, 마음만 앞서 무리하게 운동을 하는 것은 건강에 해가 된다.

걷기 운동 후, 1시간 후에 졸리고, 피곤하고, 공복감을 느끼면 몸에 무리가 된 것이므로 평소 운동량을 생각해 운동 강도를 조절한다.

2. 일주일에 5일 하루 30분씩 걷는다

하루 1만보를 걷겠다는 욕심으로 무리를 하면 운동을 지속할 수 없다.

걷기는 단기간 운동으로 효과를 얻을 수 없다. 일주일에 5일, 하루 30분씩 꾸준히 운동을 하는 것이 좋다.

3. 근육을 이완시킨 다음 걷기 운동을 한다

걷기를 시작할 때는 가벼운 스트레칭으로 근육을 긴장, 이완시킨 후에 운동을 하는 것이 좋다.

평소 운동을 하지 않던 몸으로 갑자기 1시간 이상 무리하게 걷는다면 근육에 무리를 줄 수 있다.

4. 바른 자세로 걷는다

평평한 구두를 신고 걸으면 발바닥 중간 부분을 생략하고 발 앞과 뒤로만 걷기 쉽다.

그러다 보면 발목관절 사용은 줄고 허벅지 전굴근만 주로 쓰게 돼 허리가 굽는 현상을 초래한다. 또 만성적으로 근육이 뭉치는 '부목현상'을 일으켜 통증이 생기기도 하므로 발뒤꿈치 바깥쪽으로 디디기 시작해 발바닥 중앙 바깥쪽을 거치면서 앞쪽 새끼발가락에 이어 엄지발가락 쪽으로 체중을 전달한다.[16]

꾸준한 하체운동이
부상을 막는다

날씨가 따뜻해짐에 따라 운동량은 늘어나지만 한 동안 잘 움직이지 않던 관절과 근육을 갑자기 사용해 부상을 당하는 사람들이 의외로 많다. 특히 몸의 하중을 떠받치는 무릎 부위는 부상을 자주 입는다. 본격적인 운동을 하기에 앞서 먼저 무릎주변 인대와 근육을 강화하는 운동을 해야 무릎 관절 부상을 예방할 수 있다.

걸을 때 무릎하중은 몸무게의 4배이다

운동을 시작하려면 우선 자신의 나이, 체중과 심폐량, 심장기능 등을 고려해야 한다. 무릎관절과 관련해서는 특히 체중을 고려해야 한다. 예를 들어 몸무게 5kg이 증가하면 걸을 때 무릎에 가해지는 하중은 5kg의 4배인 20kg이 증가한다.

달릴 때는 하중이 8배 가깝게 늘어난다. 70kg 남성이 빠르게 걸을 경우 무릎에 가해지는 하중은 280kg에 달한다. 그러므로 성급하게 운동량을 늘리면 무릎관절 주위의 과사용증후군으로 무릎관절에 염증이 생기기 쉽다.

따라서 최소한 3~6개월은 자신이 편안하게 운동할 수 있는 운동량과 속도로 운동습관을 들이면서 근력을 강화하고 서서히 운동량과 속도를 늘리는 것이 바람직하다.

무릎관절 주변 인대와 근육이 튼튼해야 한다

무릎관절을 보호하기 위해서는 평소에 다리의 힘을 길러야 한다. 무릎관절 주변 근육이 튼튼해야 무릎에 가해지는 충격을 흡수한다. 근육이 뼈에 부착되어 있는 인대는 관절의 안정성을 유지하는 버팀대로 작용한다. 다리를 구부리고 펴는 힘이 자기 체중을 이겨야 안전한 일상생활이 가능하다. 또 운동시 부상을 예방하기 위해서는 신전력과 굴곡력이 자기 체중의 1.2배 이상이 되어야 한다.

당신이 뛰는 사이 건강이 따라 뛴다

"다리품을 팔아야 무병장수한다. 소식小食과 더불어 가장 과학적으로 검증된 장수비결이다. 우리나라에서도 구릉지대나 중산간지대에서 100세 이상 고령인구가 가장 많이 발견된다. 오르락내리락 평생 다리품을 판 덕분이다.

걷기와 달리기 등 다리품이 중요한 이유는 무엇일까?

첫째, 혈액순환이다. 대표적 사례가 다리품을 박탈당한 골다공증 골절환자다. 엉덩이 관절이 부러져 꼼짝없이 눕게 된 노인 10명 중 1명은 1년 이내에 사망한다. 혈액순환 장애로 혈관에서 혈전이 생기고, 이것이 뇌혈관을 막아 중풍이 발생하기 때문이다.

발은 제2의 심장이란 말 그대로 많이 걷고 뛸수록 심장의 펌프질을 도와 혈액순환이 개선된다. 혈관이 깨끗해지므로 뇌졸중과 심장병 등 혈관이 막히거나 터져 생기는 치명적 질환으로부터 벗어날 수 있다. 한국인 4명 중 1명은 뇌졸중과 심장병으로 숨진다."[17)]

다리근력 프로그램들
- 걷기
- 의자에서 일어서기(반복적으로)
- 계단 오르기

- 언덕 오르기
- 점프
- 넓이뛰기

응용법 : 배낭에 책과 같이 무게가 나가는 물건을 넣은 후 어깨에 메고한다면 더없이 좋은 중량 훈련이 될 것이다.

이밖에 누워서 다리를 일자로 편 다음 오른쪽, 왼쪽 등 다양한 방향으로 다리를 약간 들어 올려 15초간 버티거나 의자에 앉은 자세에서 엉덩이를 위로 들어 올려 무릎을 구부린 자세로 15초간 버티기를 20번 반복하기를 하루에 3~5세트 이상을 꾸준히 해주면 다리근력을 강화시킬 수 있다.

운동 후 무릎관절에 찬물 찜질을 해주면 도움이 된다

달리기 등의 운동을 하면 관절의 부하와 마찰로 무릎관절이나 주위의 인대에 염증이 생기기 쉽다. 이때 찬물로 마사지를 하면 염증을 가라앉히는 효과를 보게 된다. 운동 후 10분 정도 휴식을 취한 후 미지근한 물로 온몸 샤워를 한 후 무릎관절과 발목관절에 찬물로 찜질을 해주는 것이 좋다. 찜질이 어려우면 샤워기로 찬물을 1~2분간 뿌려 주어도 된다. 냉찜질은 운동 직후에 하는 것이 효과가 있고 평소에는 무릎부위를 따뜻하게 해주는 것이 좋다.

강북삼성병원 정형외과 정화재 교수는 다음과 같이 말했다.

"운동을 처음 시작할 때는 무릎에 충격을 강하게 주는 운동이나 동작을 피하고 수영, 걷기, 자전거타기 등 강도가 낮은 운동부터 시작하는 것이 좋다"며 "하지만 연골 세포의 신진대사 활동이 원활하지 못할 때는 퇴행성관절염 등이 발생하므로 이때는 관절 연골의 주성분인 글루코사민과 콘드로이친의 적절한 투여가 퇴행성관절염의 증상 완화에 도움이 되며 건강한 관절을 유지하는데 도움이 될 수 있다". [18]

혈관 관리는
건강의 축지법

　노화된 혈관은 언제든 당신의 목숨을 좌우할 수 있다는 사실을 알고는 있는가?

　혈관이 노화되면 뇌졸중, 심근경색 등의 혈관질환을 유발하는데 일단 발병하면 대처도 어려울 뿐 아니라 순식간에 생명을 앗아갈 수 있을 만큼 위협적이다.

　혈관을 한 줄로 연결하면 약 12만km 정도로 지구를 약 두 바퀴 반이나 휘감을 만큼 길며 무게는 우리 몸의 3% 정도다. 혈관은 도로망이나 수도관, 하수도와 같은 역할을 한다고 보면 쉽게 이해가 될 것이다.

고혈압, 당뇨병, 흡연 등이 노화의 주원인이다

혈관은 다른 장기와 마찬가지로 노력에 따라 젊게 관리할 수 있다. 혈관을 젊게 유지하려면 혈관노화를 촉진시키는 요인들을 알고 이를 피해야 한다. 혈관노화를 촉진시키는 주원인으로는 고혈압, 당뇨병, 고지혈증, 흡연 등을 들 수 있다.

먼저 고혈압은 혈관 벽에 과도한 압력부하를 주고 혈관을 경직시키는 주범이다. 혈압이 높으면 뇌졸중이나 심근경색이 동반될 확률이 4~5배 증가된다. 하지만 고혈압을 적절히 치료하면 이런 혈관 합병증을 50~70% 방지할 수 있어 꾸준한 약물치료가 필요하다.

당뇨병과 고지혈증 역시 혈관노화를 촉진시키는 주요인이다. 당뇨병은 동맥경화를 유발하는 요인으로 작용할 뿐 아니라 혈관의 영양분을 공급하는 미세혈관기능에 장애를 일으켜 혈관 자체를 약하게 만든다. 고지혈증 역시 혈관내피세포가 조금이라도 손상될 경우 혈관 내벽에 지방이 붙어 혈관을 좁아지게 만든다.

담배는 잘 알려진 혈관노화의 주범이다. 일산화탄소, 비소, 메탄, 부탄, 카드뮴, 헥사민 등 내 몸을 해치는 마약의 일종이다. 담배를 피우면 직접적으로 산소부족상태가 되며 체내에 만성질환과 노화의 원인이 되는 유해활성산소를 많이 만들고 이 활성산소를 없애는 항산화제마저 파괴한다.

균형잡힌 식사와 운동으로 예방할 수 있다

그러면 혈관나이를 젊게 유지하는 비결은 무엇일까?

고려대학교 안암병원 심혈관센터 심완주 교수는 먼저 올바른 식습관이 중요하다고 강조했다. 그는 균형 잡힌 식사를 하되 과일, 채소 등을 충분히 섭취하고 지나친 육류 섭취를 삼가며 생선을 먹도록 노력하면서 트랜스지방이 함유된 음식섭취를 줄여야 한다고 말했다.

심교수는 "하지만 식단에서 모든 육류를 제거하고 야채만 먹는 것도 영양실조나 빈혈의 위험이 있어 좋지 않다."며 "쉽게 말하자면 밥과 국, 나물, 김치, 생선 또는 고기 약간으로 구성된 한식 식단이 건강한 음식"이라고 강조했다.

두 번째로 적절한 운동을 지속하는 것이 혈관건강에 매우 중요하다. 심교수는 "하루 30분 이상 주 4~5회 운동이 적절하며 운동을 하게 되면 고지혈증이나 고혈압 조절에도 도움이 되고 몸무게도 조절된다"고 말했다.[19]

흡연자, 금연이 가장 중요한 예방법이다

흡연자는 무엇보다도 금연이 가장 중요한 예방법이다. 금연을 위한 생활법을 통해 숙지해 건강하게 생활할 수 있도록 현명하게 대처해야 할 것이다.

1. 물을 많이 마시고 운동을 꾸준히 한다

몸속에 쌓인 니코틴은 소변이나 땀으로 배출되므로 하루에 2ℓ 이상의 물을 섭취하자.

2. 커피대신 건강음료로 바꿔먹자

금연을 결심했다면 커피, 탄산음료, 술 등을 가급적 피하는 것이 좋다. 특히 커피에 들어있는 카페인은 신경을 자극해 흡연욕구를 부추기므로 녹차, 홍차 등으로 바꿔먹자.

3. 충분한 야채를 섭취하자

야채에 들어있는 베타카로틴 성분은 담배로 인한 폐암유발을 막아주는 역할을 한다고 한다. 야채를 많이 섭취할수록 건강에 좋다는 사실을 잊지 말자.

4. 저지방 육류로 단백질을 보충한다

흡연욕구를 억제하고 싶다면 혈당치를 조절할 필요가 있다. 삼겹살이나 소시지 등 기름진 육류와 유가공품은 피하고 닭, 오리 등 저지방 육류로 단백질을 보충한다.

신체활동량과
허리둘레는 비례한다

비만은 고혈압, 당뇨병, 고지혈증의 위험을 증가시킨다. 또한 심혈관질환 등 성인병을 유발시키는 주범이다. 체중조절은 혈압과 혈당을 낮추고, 체중을 감소시켜 성인병과 관련된 사망위험을 줄일 수 있다.

주5회 30분 이상 꾸준히 운동할 수 있는 환경을 만들자. 걷기나 수영, 자전거타기 등의 유산소운동을 꾸준히 하면 잃어버린 근육량을 회복할 수 있을 뿐 아니라 체지방도 감소될 것이다.

평소에 신체활동량이 부족한 사람들은 이것만 지켜도 적정체중으로 돌아갈 수 있다. 먼저 시간을 나누어 수회에 걸쳐 총 30분 이상 걷기운동부터 시작하라고 권하고 싶다. 출근시간 혹은 퇴근시간을 이용해 걷기운동을 권장한다.

걷기운동을 꾸준히 하면 뇌의 노화를 막는다는 연구결과가 있어 소개하고자 한다.

걷기운동이 기억력을 포함한 뇌기능의 노화를 억제하는 효과가 있다는 것을 미국 피츠버그 대학의 커크 에릭슨 생리학교수가 보도했다.

미국 피츠버그 대학의 커크 에릭슨 생리학교수는 노인대상을 비교 분석한 결과 기억중추 해마 크기가 2% 커진 데 비해 보행속도가 느리면 치매예고의 신화일 수 있다고 발표했다.

그는 평소 운동을 하지 않는 치매증상이 없는 노인 120명을 두 그룹으로 나누어 한 그룹은 매주 3번씩 3~45분 동안 걷기운동을, 다른 그룹은 스트레칭과 근육강화운동을 1년 동안 계속하도록 했다.

1년 후 자기공명영상으로 뇌를 측정한 결과 걷기운동 그룹은 뇌의 기억중추인 해마의 크기가 실험 전에 비해 커졌다고 강조했다.

'50대 몸짱아줌마'로 통하는 샤샤킴 알롱제 웰리스 직업전문학교 학과장이 있다. 이분은 나이를 무색케 하는 탄탄한 몸과 목주름 하나 없는 탄력있는 몸매로 젊은이들에게 부러움을 받고 있다. 이분의 다이어트 비결이 궁금해 한 기자가 인터뷰를 응했다.[20]

"어떤 운동을 하십니까?"라고 기자가 물었다.
기자의 질문에 그녀의 입에서는 당황한 답변만 돌아왔다.

"땀을 많이 흘리는 유산소운동을 하지 않습니다."

그녀는 하루에 하는 운동이라고는 간단한 스트레칭이 전부였다. 운동이라고는 고작 하루에 15분 운동이 전부였다.
그녀는 40대 여성들이 다이어트를 위해 무리한 운동을 하게 되면 탄력이 급감하고 노화가 활발히 진행된다고 했다. 하루에 15분씩 스트레칭과 간단한 저강도 운동만으로 꾸준히 운동만 해도 군살없고 균형잡힌 몸이 만들어진다고 강조했다.
그녀는 대학에서 식품가공학을 전공하고 석, 박사 학위를 취득했다. 20년 넘게 상담심리학으로 다른 사람들에게 건강을 되찾아 주었지만 정작 자신의 몸은 과체중으로 변해가고 있었다.
그녀는 인터뷰에서 이렇게 말했다.

"당시 허리 사이즈가 37인치에 육박했어요. 다이어트의 필요성은 느끼고 있었지만 정작 제 자신에 맞는 다이어트법을 찾지 못해 번번이 실패했습니다. 그때 주목했던 것이 스트레칭이었어요. 여성들의 최종목표는 체중감량뿐 아니라 아름다움이잖아요. 몸의 틀은 예쁘게 잡아주면서 가슴, 엉덩이, 얼굴 등 지방이 그대로 유지되는 스트레칭이야말로 그 어떤 운동보다 효과적입니다."

그녀는 본격적으로 다이어트에 돌입했다. 하루에 꾸준히 30분씩 운동했고 저녁에 야식을 철저히 금했다. 평상시에 즐겨먹던 고열량식품을 멀리하고 포만감을 주는 음식들로 대체하며 운동과 식단조절을 병행했다.

한 달이 지나자 그녀의 몸은 예전의 몸이 아니었다. 무려 한 달 사이에 24kg이 빠졌다. 어떤 방법을 써도 번번이 실패했던 다이어트에 큰 토네이도를 일으켰던 것이다. 살이 빠지면서도 몸의 탄력이 유지되었고 3달째부터는 하루에 15분씩만 투자해 몸을 가꿔나갔다.

그녀는 마지막으로 다이어트 성공법에 대해 이렇게 말했다.

"다이어트의 적은 스트레스입니다. 식욕이 당길 때는 무조건 참기보다 가볍게 먹고 마음을 편안히 가지는 것이 중요합니다. 지금 먹는다고 해서 당장 체중이 증가하는 것은 아닙니다. 살이 바로 찌는 것이 아니라 24~48시간 안에 서서히 찌거든요. 계속 참다가 폭식을 하는 것보다 섭취량을 서서히 줄이고 가볍게 운동하는 게 훨씬 좋아요. 몸매관리는 장기전이라서 심리상태도 중요합니다."

적당하면 삶의 활력을 불어 넣어주지만 지나치면 화를 부르는 것이 스트레스다. 스트레스를 먹는 것으로 해결하는 사람들은 폭식으로 이어질 수 있으니 조심하자. 스트레스로 인한 폭식은 비만을 부르고 살이 찌게 되면 우울증이나 열등감이 심해져 다시 스트레스를 받는 악순환으로 이어진다. 따라서 스트레스를 먹는 것으로 풀면 오히려 스트레스가 가중되니 조심하자.

스트레스와 폭식의 관계
스트레스 ➡ 폭식 ➡ 비만 ➡ 우울증, 열등감 ➡ 스트레스

스트레스! 폭식은 내장형 복부비만의 원인이라고 한다. 스트레스를 받으면 우리 몸에서 부신피질자극 호르몬이라는 스트레스 호르몬이 분비된다고 한다. 이 호르몬은 다시 코티졸 호르몬을 분비시키는데 코티졸은 식욕을 높이고 지방을 복부로 집중시켜 복부비만을 초래한다. 그래서 스트레스를 받을 때 먹는 습관은 내장형 복부비만으로 이어질 수 있다는 것이다.

현명한 스트레스 해소법으로 비만예방을 원한다면 걷기나 간단한 스트레칭 등 활동성 있는 스트레스 해소법을 통해 비만을 예방하는 자세가 필요하다.

40대 중년들을 위한 다이어트! 이것만 지켜도 성공한다.

원푸드 다이어트 금물

2030대에 비해 재생력과 탄력이 떨어지는 4050세대는 영양이 부족해질 경우 현기증을 유발하고 피부가 푸석푸석해지니 식이섬유를 풍부하게 섭취하자.

과도한 유산소운동은 노화 지름길

나이들 수록 몸속 수분과 근육, 영양은 줄어들게 된다. 온몸으로 땀을 많이 흘리는 운동은 몸속 에너지를 배출시켜 몸이 급노화 될 수 있으니 적당한 유산소운동을 지향해야 한다.

근육을 발달시키도록 적절한 자극을 주자

자극을 받으면 그 자극에 대해 반응을 하게 된다. 외부의 어떤 힘든 자극이 있을 때 우리 몸은 그 자극을 이겨내기 위해서 더 많은 혈류를 보내고, 더 많은 에너지를 만들기 위해 영양을 공급하게 된다. 이처럼 운동을 통해 근육을 발달시켜 몸이 변하게 될 수 있도록 적절한 자극을 주자.

마음을 편안히 가져라

살은 먹는 순간 찌는 것이 아니라 24~48시간 내에 서서히 찌므로, 마음을 편안하게 갖는다. 생활하다보면 가고 싶지 않아도 참석해야 하는 자리가 있고 멀리하고 싶어도 늘 달고 사는 것이 인간관계이다. 술, 회식, 스트레스 등 피할 수 없으면 즐기자. 술 한 잔을 마셔도 기분 좋게, 스트레스를 받으면 슬기롭게 해소시킬 수 있는 마음의 여유를 갖는 지혜가 필요하다.

외부의 말에 현혹되지 마라

말도 안 되는 방법으로 다이어트에 성공했다는 지인의 말은 무시하자. 자신 몸의 소리에 먼저 집중한다. 잘못 알려진 다이어트 방법으로 몸과 마음에 깊은 상처를 받지 않도록 올바른 방법으로 노력하는 자세를 잊지 말자.

다이어트보다는 탄력 위주로

40~50대 여성들은 무조건적인 체중감량보다는 탄력있고 균형잡힌 몸매가 더 중요하니 꾸준한 유산소운동과 근력운동을 병행하며 저염식 식단위주와 식이섬유가 풍부한 야채를 섭취하면 균형잡힌 몸매를 만들 수 있고 요요현상으로부터 자유로워질 수 있다.

네 번째
생각

40대를 위한
맞춤식 운동처방

고혈압과 운동처방 및 식이요법

고혈압은 정상 범위를 넘어서 지속적으로 높은 혈압을 말한다. 우리나라 성인 5명중 2명이 고혈압으로 추정될 만큼 고혈압은 성인병 중에 가장 흔한 질병이다. 고혈압은 유전적인 요인 등이 좌우되지만, 무엇보다 잘못된 생활습관 때문에 생기는 경우가 일반적이다.

고혈압은 뚜렷한 증상도 없고 통증도 없다. 혈압은 건강한 사람도 흥분하거나 격한 운동으로 증가할 수도 있고, 또 얼마 이상의 혈압을 고혈압으로 보느냐에 따라서는 명확한 경계가 있는 것은 아니지만, 임상적으로는 일단 안정시에 측정한 혈압으로서 최고혈압(수축기 혈압)이 성인의 경우 150~160mmHg이상, 최저혈압

(이완기 혈압)이 90~95mmHg 이상을 고혈압으로 취급한다.

고혈압이 있는 성인들은 먼저 소금섭취를 줄이는 등 식생활 개선에 신경써야 한다. 소금섭취는 고혈압의 주범이다. 의학계에선 나트륨섭취를 철저히 제한할 만큼 독약으로 취급하고 있다. 소금은 음식의 맛을 돋우는 역할 외에도 생명유지에 없어서는 안 되는 중요한 자원이다.

염분은 혈액과 체액에 섞여 세포 속에 노폐물을 실어 나르거나 영양분을 운반하고 삼투압 작용을 통해 신진대사를 촉진하다. 또한 근육의 움직임을 조절하는 기능은 물론 발한작용을 통해 체온조절까지 해주기 때문에 소금은 우리 몸에 없어서는 안 될 매우 중요한 성분이다.

문제는 고혈압 환자들이 평소 필요한 양보다 많은 염분을 섭취하고 있다는 것이다.

소금이 혈압을 상승시키는 이유는 나트륨(Na)성분 때문이다. 소금을 많이 섭취하게 되면 혈액 내에 나트륨 농도가 높아지고, 삼투압 작용에 의해 혈액량이 증가한다. 혈액량이 증가하면 혈관이 받는 압력도 커지게 되고 그 결과 고혈압이 생기는 것이다. 고혈압은 뇌졸중과 심장병과 밀접한 관계가 있다.

고혈압을 개선시키는 단계별 운동법

꾸준히 운동을 하면 혈압이 서서히 내려갈 뿐 아니라 혈압이 올라가는 것을 미리 예방할 수 있다. 합병증이 있는 환자나 혈압이 높은 고혈압환자는 자칫 운동이 화를 부를 수도 있기 때문에 운동하기 전에 의사나 운동처방사의 조언을 듣고 운동하는 것이 좋다.

고혈압환자는 헬스나 격한 운동보다는 걷기, 조깅, 고정식 자전거 등 저강도 유산소운동이 좋다. 실제로 저강도 유산소운동은 혈압을 6~10mmHg을 떨어뜨린다고 한다.

운동시 주의사항

1. 운동 전에 혈압과 체중을 먼저 체크한다. 운동전에 혈압이 평소보다 너무 낮거나 높을 경우 운동처방사의 조언을 빌은 후 운동을 실시한다.
2. 갑작스러운 운동은 자칫 부상을 초래한다. 심폐지구력을 키워 주는 유산소운동을 하기 전에 준비운동과 정리운동을 반

드시 실시한다.
3. 겨울철에 운동을 할 때는 특히 조심해야 한다. 혈압이 높은 사람이 갑자기 찬 공기와 맞닥뜨리면 혈압이 오를 수 있다. 날씨가 추울 때는 옷을 따듯하게 입고 특히 두터운 모자를 착용하고 운동하는 것이 좋다. 또 운동 후 추운 바깥에서 땀을 식히기 보다는 실내에서 천천히 땀을 식히는 것이 좋다.
4. 무거운 것을 드는 웨이트트레이닝은 혈압을 상승시키는 주범인 만큼 고혈압환자에게는 피하는 것이 좋다. 만약 중량운동을 해야 할 상황이라면 가벼운 중량으로 여러 번 반복하며 운동한다.

혈압과 식이요법

혈압상승의 주범인 소금의 양을 줄여 서서히 싱거운 맛에 익숙해지도록 하는 것이 중요하다.

나트륨(Na)섭취 줄이기 3단계 5가지 실천지침[21]

1단계 식품을 선택할 때

하나. 가공식품보다는 가능한 자연식품을 선택한다.

간식으로 인스턴트식품보다는 과일, 감자, 옥수수 등을 선택한다.

둘. 가공품은 영양표시를 꼭 읽고 나트륨 함유량이 적은 것을 선택한다.

셋. 장아찌, 젓갈, 염장미역 등 염장식품을 되도록 선택하지 않는다.

넷. 양념류는 저염간장, 저염된장, 저나트륨 소금 등 저염제품을 선택한다.

다섯. 자반생선 대신 신선한 생선, 냉동채소 대신 신선한 채소를 선택한다.

2단계 조리할 때

하나. 가능한 먹기 바로 전에 음식의 간을 한다.

둘. 소금을 적게 넣고 향미채소나 향신료 등을 사용하여 맛을 낸다.

향이 있는 채소, 양념(후춧가루, 고춧가루, 파, 마늘, 생강, 양파)나 신맛과 단맛(식초, 레몬즙, 설탕)을 이용하여 맛을 낸다.

음식을 무칠 때 김, 깨, 호두, 땅콩, 잣을 갈아 넣어 맛을 낸다.

셋. 생선자반, 염장미역 등의 소금에 절인 식품은 조리하기 전에 물에 충분히 담가 소금기를 뺀 후 사용한다.

넷. 라면, 즉석국 등 가공식품은 스프의 양을 적게 넣고 햄과 소시지는 먼저 데친 후 조리한다.

다섯. 고기나 생선은 소금을 뿌리지 않고 굽는다.

3단계 식사할 때

하나. 국그릇은 작은 그릇으로 바꾸고 국물을 적게 먹는다.

둘. 식탁에서의 나트륨 사용을 줄인다.

튀김, 전, 구이 등을 먹을 때 간장에 찍어 먹지 않는다.

회를 먹을 때 간장이나 초고추장을 살짝만 찍어 먹는다.

생채소나 쌈을 먹을 때 쌈장을 조금씩만 넣어 먹는다.

셋. 김치는 작은 크기로 썰어서 먹고, 하루 한 끼는 김치 대신 생채소나 초절임을 이용한다.

넷. 국물은 약간 식은 상태에서 먹는다.

다섯. 외식시 영양표시를 확인하고 음식 주문시 소금(혹은 소스나 양념 등)을 넣지 않도록 한다.

탕 종류를 먹은 때는 소금보다 후춧가루, 고춧가루, 파 등을 먼저 넣는다.

드레싱은 뿌리지 말고 살짝 찍어 먹는다.

내장비만과
운동처방 및 식이요법

땀을 뻘뻘 흘리며 열심히 운동하는 중년 남성들이 매우 많아졌다. 특히 술과 함께 먹는 안주는 내장지방을 유발시킨다. 내장지방은 인슐린의 역할을 방해하여 당뇨병 유발 가능성을 증가시키며 심장에 피와 산소를 공급하는 관상동맥을 좁혀 각종 심장질환과 뇌졸중까지 유발시킨다. 내장지방을 일으키는 원인은 운동부족과 과식, 그리고 잘못된 식습관이다. 내장지방에서 분비된 지방산이 포도당을 분해하는 인슐린을 공격해 인슐린 기능을 떨어뜨린다. 제 기능을 못하는 불량 인슐린이 혈관 안을 떠돌게 되면 대사기능에 이상이 일어나 각종 혈관질환을 유발시키게 만들어버린다.

내장비만의 적! 뱃살빼기 4계명

1. 술안주를 멀리한다

술은 몸에 축적되지 않지만 술과 함께 먹는 음식들은 몸속에 저장된다. 술의 알콜성분은 뇌의 식욕억제 작용을 방해하여 평소보다 더 많은 음식을 섭취하게 만든다. 음주 후, 함께 섭취하는 음식은 소화기능이 떨어진 장에서 에너지로 사용하지 못하고 체지방으로 축적된다.

2. 근육량을 늘린다

우리 몸 안에는 생체시계라는 것이 있다. 야행성 위주의 생활방식은 생체리듬을 깨뜨려 체지방을 증가시키는 주범이다. 이러한 잘못된 식습관에서 생겨난 체지방을 없애기 위해서는 근육량을 증가시켜야 한다. 몸속에 있는 불필요한 지방을 없애기 위해서는 운동을 통해 지방을 태워야 한다. 근육이 많아질수록 상대적으로 지방이 줄어들게 되는 것은 그만큼 근육이 소모시키는 열량이 많아지기 때문이다. 다시 말해 근육량이 많아질수록 사람이 신체활동을 하는 데 필요한 최소한의 에너지인 기초대사량이 증가하며 반대로 체지방은 감소된다.

3. 아침식사를 거르지 않는가?

아침을 먹지 않으면 더욱 비만을 가속화시킨다. 전날 과식 후 공복상태가 길어지면 자연히 다음 끼니의 식사량이 많아지므로 우리 몸의 췌장에서 분비되는 인슐린의 양이 안정화되지 못하고 결국 인슐린 저항성이 생기게 되며 이는 곧 대사증후군으로까지 연결된다.

4. 운동은 매일 꾸준히 한다

"다이어트가 필요하다고 응답한 사람 가운데 현재 다이어트를 하고 있는 사람은 14%에 불과해 10명중 9명이 살을 빼야 한다고 답했음에도 불구하고 운동을 꾸준히 하는 직장인은 한두 명에 불과한 것으로 나타났다."[22]

주위를 둘러보면 운동의 필요성을 느끼면서도 실천에 옮기지 못하는 사람들이 많다. 가끔 생각날 때 운동하는 사람들, 일주일에 한번 두번 장시간 운동을 하는 사람들… 이런 운동법은 절대로 지방감소 및 근육량 증가의 효과를 얻지 못한다.

운동은 매일 30분 이상 가볍게 하는 유산소운동은 지방감소에 효과적이고, 근육량증가에는 매일 가벼운 근력운동으로 해주는 것이 효과적이다.

내장비만에 효과적인 운동법

현대인들의 건강을 위협하는 최대의 적인 '뱃살', 쳐지고 삐져나온 복부비만 중에서도 내장비만인 경우 당뇨, 고혈압, 고지혈증 등의 주요 원인이 된다. 뱃살빼기 운동을 둘러싼 오해와 진실을 알아보자.

뱃살 빼기는 윗몸일으키기가 최고다?

남성은 허리둘레가 90cm이상, 여성은 85cm 이상일 경우 복부비만이라고 정의내리고 있다. 원인은 운동량에 비해 섭취량이 많거나 섭취량에 비해 운동량이 부족해 남은 기름이 장기 사이에 축적됐기 때문이다. 내장비만을 없애기 위해서는 에너지 소모량을 늘려서 지방을 태워야 한다. 윗몸일으키기는 복부 근육을 발달시키는 운동이기에 에너지를 소모하거나 복부 지방을 줄이는 운동은 아니다.

무거운 훌라후프가 효과적이다?

훌라후프운동은 여성들에게 각광받고 있는 대표적인 운동이다. 최근에는 무겁고 돌기가 있는 훌라후프 제품을 선호하는 사람들이 많다. 하지만 자석이나 돌기가 뱃살을 자극한다고 해서 지방이 빠지는 것은 아니다. 훌라후프운동은 혈액순환을 개선하게 하는 효과를 낼 수는 있지만 몸속 체지방을 태우는 데는 효과적이지 못하다.

뱃살 빼려면 유산소운동이 효과적이다

몸 전체에 쌓인 지방을 줄이면 자연스럽게 배에 수북이 쌓여 있는 지방도 함께 줄어든다. 지방연소에는 유산소운동이 효과적이다. 일반적으로 체중을 10kg 줄이면 내장지방은 30%가량 감소한다. 걷기, 속보, 자전거타기, 줄넘기 같은 유산소운동을 통해 에너지 소모량을 늘려야한다. 유산소운동은 운동시간이 길수록 칼로리 소모량은 증가한다.

우리 몸은 운동을 하면 탄수화물―지방―단백질 순으로 에너지를 이용하기 때문에 운동시간이 길수록 지방을 태우는 데 유리하다. 최소 20분 이상 유산소운동을 꾸준히 하는 것이 좋다. 강하고 힘든 고강도 운동을 하는 것이 아니라 가벼운 운동을 오랫동안 지속하는 운동이 지방연소에 효과적이다.

운동프로그램 : 줄넘기, 걷기, 속보, 자전거타기

뱃살 빼려면 유산소와 근력운동을 병행한다

다이어트전문가들은 유산소와 근력운동을 병행하는 것이 체중감량에 효과적이라고 강조한다. 또한 요요현상없이 감량체중을 오랫동안 지속할 수 있다고 말한다. 근육량이 많아지면 같은 양을 먹어도 살이 덜 찌는 체질로 바뀐다. 그 이유는 기초대사량이 증가했기 때문이다. 근육이 1kg 늘면 기초대사량은 하루 30kcal 증가한다고 알려져 있다.

운동프로그램 : 유산소운동과 함께 윗몸일으키기, 상체 돌려주기, 상체 뒤로 젖히기. 상체 옆으로 누운 후 다리 올리기 등

살찌지 않는 식사법

1. 절대 야식을 먹지 않는다

야식을 좋아하는 사람은 칼로리 수치가 높지 않더라도 식사 섭취법이 잘못되어 있으므로 살이 빠지지 않는다.

2. 어떤 음식이든지 꼭꼭 씹어 천천히 먹는다

대개 비만인 사람들은 허겁지겁 음식을 먹지만, 날씬한 사람들은 천천히 먹는다. 식욕중추는 먹기 시작한 다음 20분 정도 후에 먹는 것을 중지하라는 명령을 내린다. 너무 빠른 속도로 먹게 되면 미처 혈당이 올라오기 전에 과식을 해버리고 말아 식욕중추가 제때에 먹는 것을 중지하라는 명령을 내리지 못한다.

빨리 먹는 습관이 도무지 고쳐지지 않는다면, 다음의 3가지 규

칙을 지켜보도록 하자.

- 첫째, 밥이나 고기보다는 채소, 국과 같이 수분이 많고 칼로리가 낮은 것부터 먹는다.
- 둘째, 한 입 먹을 때마다 수저를 내려놓거나 하여 잠깐씩 멈춘다.
- 셋째, 음식을 적어도 20번씩은 씹은 후 삼킨다.

3. 과일이라도 많이 먹지 않는다

과일은 절대 살이 찌지 않는다고 생각하는 사람들이 많다. 분명 과일은 건강에 좋은 것은 사실이지만 반드시 다이어트에 효과적인 것은 아니다. 예로 자몽 1개(약 400g)를 먹으면 이것은 밥 1/2 공기에 해당된다. 더욱이 과일에 함유되어 있는 당분은 포도당, 과당 등 대단히 흡수가 빠른 당질이다. 이렇게 되면 혈액 중 포도당 농도가 높아지기 때문에 인슐린이 많이 분비되어 식사에서 섭취한 지방이 지방세포로 쉽게 바뀌게 된다. 즉, 살이 찌기 쉬워진다.

살 빠지는 현명한 식사법

1. 식사 섭취량은 80%정도로 줄이고 식품은 골고루!

영양소들은 체내에서의 기능이 각각 다르므로 다양한 식품을 먹음으로써 영양소간의 균형을 이루어 과부족이 되지 않도록 한다.

- 백미보다는 현미를, 쌀밥보다는 잡곡밥을 많이 먹는다.
- 흰빵보다는 통밀빵이나 잡곡류가 들어간 빵을 먹는다.
- 비타민, 무기질이 많이 함유되어 있는 채소, 해조류를 충분히 먹는다.

2. 살찌는 음료는 멀리, 살찌지 않는 음료는 가까이

커피와 같은 카페인음료보다는 녹차, 둥굴레차 등을 마시면 건강에도 좋고 장기간 꾸준히 마시면 체중감량 효과가 있다.

3. 칼로리를 최대한 낮추는 조리법을 선택한다

튀김, 볶음보다는 굽거나 찌는 요리법을 선택한다.

맵거나 짜면 식욕을 자극하고 특히 소금의 과다섭취는 건강에도 안 좋고 체내에도 수분배출을 방해하여 몸이 붓기도 하므로 간은 싱겁고 담백하게 한다.

뇌졸중(중풍)과
운동처방 및 식이요법

뇌졸중은 흔히 중풍이라고도 한다. 뇌졸중은 뇌혈관이 막히거나 터져서 뇌기능에 장애가 생기는 질병이다. 노년층에서 주로 발생하는 질환인데 최근에는 40대 연령층에서 많이 발생하고 있다. 의학의 발달로 뇌졸중의 생존율은 높아졌지만 후유증이 생기는 질병이다. 감각장애, 언어장애, 발음장애, 치매 등이 뇌졸중의 대표적인 후유증이다.

뇌졸중을 일으키는 최대의 위험요인은 고혈압이다. 고혈압은 혈관 벽에 손상을 주어 동맥경화뿐 아니라 뇌출혈을 유발하는 주범이다. 나이와 상관없이 혈압이 높아지게 되면 뇌출혈까지 이어질 수 있으니 위험요소를 가지고 있는 사람일수록 꾸준한 노력과 관리에 신경써야 한다.

뇌졸중은 혈관이 수축되는 겨울철에 발병이 많다. 차가운 날씨는 때로 중년들에게 심각한 위협이 된다. 최근에는 40대의 젊은 나이에 가장 많이 발생되고 있다고 한다.

기온이 갑자기 떨어지면 몸을 보호하려는 시스템이 작동된다. 몸이 움츠려들면서 혈관이 급격하게 수축한다. 게다가 혈액은 더 끈끈해진다. 콜레스테롤의 함량이 높아지면서 혈관이 점점 좁아지는 것이다. 그러다가 심하면 '픽' 하고 터진다. 그것이 뇌출혈이다. 뇌중풍은 뇌혈관이 터지는 뇌출혈과 뇌혈관이 막히는 뇌경색으로 분류한다. 전체적으로 뇌경색 환자가 더 많지만 11월부터 이듬해 2월까지는 뇌출혈 환자가 더 많다고 한다.

아침, 화장실을 조심하라

특히 겨울철 아침에 많이 쓰러진다. 원래 아침에는 혈관이 수축되어 있다. 가만히 있어도 혈압이 올라가기 마련이다. 그런 상황에서 차가운 바깥 공기를 접하면 뇌출혈이나 심장 발작이 일어나기 쉽다. 따라서 새벽녘 신문을 가지러 갈 경우나 새벽운동시에 반드시 따뜻하게 입고 나가야 한다.

뇌출혈이 많이 발생하는 장소 중 한 곳이 바로 화장실이다. 춥기 때문이다. 보통 나이가 드는 40대 중년 때에는 배의 압력, 즉 복압이 약해지기 때문에 변을 볼 때 더 힘을 주게 된다. 추운 탓에 이미 혈관이 수축된 상태에서 배에 힘을 더 주기 때문에 혈압은 더 급격하게 오른다. 혈관이 터질 가능성이 높아지기 때문에 조심하도록 한다.

예방이 최선이다[23]

당연한 애기지만 혈관이 막히지 않도록 생활습관을 고쳐야 한다. 무엇보다 혈압을 높일 수 있는 짠 음식을 피해야 한다. 외국의 연구 결과 하루 평균 9.5g의 소금을 먹던 사람이 6.0g까지만 줄여도 뇌중풍 위험을 13%나 줄일 수 있다고 한다. 그러나 우리나라 사람은 하루 평균 12.5g의 소금을 먹는다. 소금부터 줄이자.

넥타이도 느슨하게 매자. 지난해 영동세브란스병원 정태섭 교수팀이 20~40대 직장인 20명을 대상으로 자기공명영상(MRI) 촬영을 한 결과 넥타이를 갑갑하게 맨 사람일수록 혈류 속도가 느린 것으로 나타났다. 넥타이를 꽉 조여 매면 뇌의 혈액순환을 방해해

뇌중풍 위험을 높일 수 있다는 것이다.

　호주 시드니대 폴 미첼 교수팀이 3,654명을 대상으로 1992년부터 눈 건강과 뇌중풍 위험을 추적 조사했다. 그 결과 눈 망막에 병을 가지고 있는 사람은 7년 이내에 뇌중풍으로 사망할 확률이 그렇지 않은 사람보다 2~3배 높은 것으로 나타났다.

뇌졸중의 운동법
　꾸준히 운동을 병행하면 회복을 앞당길 수 있다. 하지만 운동을 하지 않으면 마비된 부분이 그대로 굳어질 수 있다. 뇌졸중에 좋은 운동은 무리하지 않는 운동이다. 때문에 천천히 걸을 수 있는 보행운동이 좋다. 또한 물속에서의 수중운동은 굳은 근육을 이완시킬 뿐 아니라 물 안에서의 중력의 힘이 줄어들기 때문에 활동량을 증대시킬 수 있다. 하지만 중량을 이용하는 운동법은 혈압을 올려 오히려 악화될 가능성이 있으므로 피하는 것이 좋다.

뇌졸중 예방 식이요법

1. 싱거운 음식을 먹는다

조리는 싱겁게 하고 향이 있는 채소나 향신료 등을 사용하여 맛을 낸다.

고염식 저장식품인 김치, 장아찌 등은 될 수 있는 대로 적게 먹는다.

2. 표준 체중의 유지

과식을 피하고, 영양의 균형을 좋게 하여 표준 체중에 준한 적정 체중을 유지한다.

칼로리가 낮은 식품을 골고루 섭취하여 영양의 균형을 이룬다.

3. 채소, 과일, 해조류의 섭취

채소, 과일 등에 함유된 칼륨은 혈압에 좋은 영향을 주고, 변비 예방도 되며, 또한 비타민의 보급에도 좋다.

뇌졸중 예방식품
- 목이버섯
- 생선

혈압을 낮추고, 혈관을 보호하는 작용이 있어 뇌졸중 예방이 가능하다. 생선의 빛깔에 구애받지 말고 아무거나 자주 섭취한다.

- 마늘

혈액순환이 잘 되게 하고 혈전을 녹이므로 적극 섭취하면 예방이 가능하며 한번 먹으면 효과가 3일간 지속되므로 한번에 1~2조각씩 2~4일에 한 번씩 먹도록 한다.

- 감즙

뇌졸중의 재발을 막아준다. 떫은 감을 무우 약간과 섞어서 소주잔 2컵을 1회량으로 하여 1일 2~3회 격주로 계속 마시면 좋다.

뇌졸중에 좋은 음식

- 유동식 : 우유, 과즙, 생수
- 반유동식 : 죽, 계란반죽, 공기찜(계란+생선묵+표고+고기국물 = 찜), 두부, 젤리
- 녹황색채소, 색이 있는 채소를 먹는 것도 중요하다.
- 단백질식품

  콩제품: 뇌졸중 예방효과가 있으므로 두부, 비지, 유부, 순두부를 하루에 한번 반드시 먹도록 한다.

우유 및 유제품: 혈관의 영양분이 되는 단백질이 풍부하여, 혈액 중 콜레스테롤이 낮아 혈액이 저영양 상태일 때 발생하는 뇌졸중 예방에 좋다.
- 고기, 계란, 된장, 무말랭이, 토마토, 양파, 수박, 메론, 딸기, 사과, 감
- 어패류 : 멸치, 새우살, 조개

뇌졸중에 나쁜 음식
- 오징어, 새우, 게: 생선보다 콜레스테롤이 많기 때문에 매일 많이 먹는 것을 삼간다.
- 고기의 지방부분, 닭껍질, 내장육, 소시지, 햄, 베이컨, 생선알 등
- 튀김, 볶음 등 기름을 많이 사용한 요리(버터, 팜유, 코코넛유 등)
- 각종 단순 당질류(초콜릿, 사탕류)와 흰밀가루로 만든 파이, 케이크류 등
- 카페인음료 : 커피, 홍차(특히 노인의 경우)
- 인스턴트식품 : 화학조미료.[24]

당뇨와 운동처방 및 식이요법

혈액 속에 혈당이 증가하면서 여러 가지 증상이 나타나기 시작해 심해지면 고지혈증, 고혈압, 비만 등 합병증을 초래하는 것이 당뇨병이다. 인슐린이 부족하거나 인슐린에 대한 감수성이 떨어져 탄수화물대사에 이상이 생기는 질환으로 췌장에서 분비되는 인슐린 호르몬의 작용이 불충분할 때 일어난다. 즉, 섭취되는 열량이 지나치게 많거나 운동부족으로 에너지 소비가 적거나, 피로가 겹쳐 인슐린이 제대로 작용하지 않을 때 생긴다.

증상으로는 소변을 자주 보고, 물을 많이 마시며 체중감소, 피로, 가려움, 신경통, 시력장애를 일으킨다.

당뇨병은 치료한다기보다 평생 잘 관리해야 하는 병이다. 정상 혈당(공복시 혈당이 80~120m/dl)을 유지하면서 고혈압, 비만, 고지혈증같은 합병증을 예방한다는 개념이다. 이를 위해서는 무엇보다 생활습관 개선이 중요하다. 술, 담배를 멀리하고 규칙적으로 운동을 하며 경우에 따라서는 인슐린 처방을 받는다.

당뇨병을 개선시키는 단계별 운동법

규칙적인 운동은 혈당을 에너지로 소모시키기 때문에 혈당수치가 떨어진다. 또한 운동은 인슐린이 제대로 기능을 하지 못함으로써 발생하는 제2형 당뇨병에서 인슐린이 제대로 기능하게 만들어주기 때문에 일시적인 혈당조절뿐만 아니라 당뇨병 자체를 치료해준다는 사실이 증명되었다.

당뇨병이 있는 환자는 격한 운동이나 웨이트트레이닝같은 중량운동보다는 걷기나 가벼운 조깅으로 땀을 흘리게 하는 유산소운동이 좋다. 혈당조절을 개선하는 데 가장 좋은 것이 바로 유산소운동이기 때문이다.

운동시 주의사항

1. 혈당조절이 잘 되지 않는 사람, 고혈압과 심장병같은 합병증이 있는 사람은 운동전에 의사나 운동처방사의 조언을 반드시 받은 후 운동을 실시한다.
2. 갑작스러운 운동은 자칫 부상을 초래한다. 심폐지구력을 키워 주는 유산소운동을 하기 전에 준비운동과 정리운동을 반드시 실시한다.
3. 중량운동보다는 가벼운 걷기나 조깅 등 저강도 유산소운동이 효과적이다.
4. 쥬스, 사탕, 초콜릿 등을 항시 준비한다. 만약 혈당이 떨어질 경우 먹으면 좋아진다.

당뇨병과 음식

1. 허용음식

가) 당분이 적은 음료수나 야채는 비교적 자유롭게 먹어도 된다.

나) 음료수 : 홍차, 녹차 등

다) 채소류 : 배추, 상추, 양상추, 오이, 버섯 등

라) 해조류 : 미역, 김, 다시마 등.

마) 향신료 : 후추, 겨자, 계피, 식초, 레몬 등

2. 금기 음식

가) 설탕, 당분이 많은 식품이나 음료수와 술은 절제하는 것이 좋다.
나) 당분 : 설탕, 사탕, 꿀, 엿, 잼 등
다) 음료수 : 콜라, 사이다, 유자차, 모과차 등
라) 과자류 : 초콜릿, 케이크, 젤리 등
마) 유제품 : 초코우유, 가당연유, 가당요구르트 등

3. 당뇨병 환자의 식생활 설계

가) 60%는 탄수화물, 20%는 단백질, 20%는 지방질로 한다.
나) 하루 3끼 내지 간식을 감안하여 칼로리 섭취계획을 세운다.(아침25%, 점심35%, 저녁30%, 간식10% 등)
다) 칼로리와 영양소를 감안하여 식단을 짠다.

당뇨병에 대한 잘못된 정보 뒤집기

보리밥이나 잡곡밥만을 먹어야 한다

우리나라의 많은 당뇨병 환자가 당뇨병을 진단받은 후 식성에 상관없이 보리밥이나 잡곡밥만 먹어야 하는 것으로 생각하고 보리밥을 좋아하지 않는 사람도 마지못해 보리밥을 먹는 사람들이 많이 있다. 하지만 실제로는 쌀밥이나 보리밥이나 소화되고 나면 별로 다를 것이 없다.

곡류 군으로 분류되고 있는 음식이나 쌀밥, 보리밥, 국수, 떡, 옥수수, 고구마, 식빵 등이 있는데 이들이 가지고 있는 영양가가 비슷해 어떤 음식을 섭취하더라도 적당한 양을 먹을 때에는 비슷한 효과가 나타난다. 그러므로 특별히 보리밥을 좋아하지 않는다면 쌀밥을 맛있게 지어먹는 것도 괜찮다.

당뇨병 환자도 술은 괜찮다

1. 술은 열량은 가지고 있지만 비타민과 미네랄과 같은 영양소가 거의 없기 때문에 건강에 문제가 생길 수 있다.
2. 당뇨병 환자가 과음하게 되면 심한 저혈당이 올 수 있고 주위에서는 이것을 술 취한 상태로 오인할 수 있기 때문에 위험하다. 그리고 일부 당뇨약이 술에 대한 과민반응을 유발할 수 있기 때문에 뜻하지 않게 환자들이 고생을 하는 경우가 있다. 그 외에도 술을 지속적으로 많이 마시면 간에 손상이 가게 되고 간이 당을 생성하고 저장하는 일을 잘 못하게 되면 혈당조절이 더욱 어려워지게 된다. 지속적인 음주는 혈중의 콜레스테롤을 상승시켜 동맥경화증의 원인이 되는 등 당뇨병

환자의 음주는 중대한 문제를 야기할 수 있기 때문에 금주하는 것이 가장 현명한 길이라고 생각된다.

다섯 번째
생각

알면 도움이 되는
계절별 운동법

봄에는 어떤 운동이 좋은가?

봄철 건강을 지키는 데는 고른 영양섭취와 함께 적당한 운동이 최고의 보약이다. 지속적인 운동은 면역력을 높여 봄 동안 질병 및 피로감을 퇴치하는데 도움이 된다. 반면 건강하려고 시작한 운동이 역효과를 내는 경우도 있다. 환절기와 맞물린 봄철 바른 운동 요령과 운동시 조심해야 할 사항들에 대해 알아보자.

운동 첫날 후 48시간 회복기를 가져야 한다

처음 운동을 시작하거나 겨우내 운동을 접었다가 갑자기 운동을 시작한 사람들은 세심한 주의가 필요하다. 그동안 운동량이 부족해 경직되거나 이완된 근육이 급작스런 고강도 운동으로 인해

파열될 수 있기 때문이다.

첫 시작 후 48시간을 쉬어 회복기를 갖도록 한다. 이후 저강도 운동으로 서서히 운동 강도를 늘리도록 한다. 갑작스럽게 운동을 많이 하면 젖산 등이 쌓여 피로해진다. 하루 운동시간은 30분에서 45분으로, 준비운동 5분, 본운동 25분, 마무리운동 5분 정도로 하면 적당하다.

운동은 나이에 맞게

운동은 근력이나 지구력, 기초대사량 등을 고려해 나이에 맞게 하는 것이 가장 좋다. 40대부터는 근육량이 자연스럽게 적어지는 시기이다. 바쁜 사회생활로 인한 부족한 신체활동은 근육량 감소를 더욱 부채질한다.

40대는 비만해지기 쉬운 때이므로 체중감량에 초점을 맞춘 운동프로그램이 이상적이다. 상대적으로 저강도운동에 속하면서도 칼로리 소비량이 많은 골프, 수영, 계단오르기, 걷기, 조깅 등이 좋다. 단, 중년 이후의 여성들은 줄넘기, 농구 등 양 발이 지면에서 떨어지는 운동은 피하는 것이 좋다. 골다공증으로 인한 골절의 위험이 있기 때문이다.

봄철에 알맞은 운동프로그램

1. 등산

봄철에 가장 적합한 운동이다. 등산은 심폐기능을 향상시킬 수 있는 유산소운동이며 허리 및 무릎 등을 강화하는 데도 도움이 된다. 특히 40대에 접어든 중년들이라면 격렬한 운동보다 등산이 제격이다. 또한 정신적, 심리적으로 정화의 효과가 있으며, 신진대사 촉진 효과 및 스트레스 해소에도 매우 좋다.

등산시 주위사항

- 발목이나 무릎 등 관절 손상을 예방하기 위해 반드시 등산화를 신는 것이 좋다.
- 등산을 하기 전에 충분한 스트레칭을 한다.
- 혈압이 높은 사람은 산에 오를 때 특히 주의한다. 가급적 옆 사람과 대화를 나누면서 천천히 올라야 한다.

운동방법

산을 오를 때에는 경사도에 따라 몸을 약간 앞으로 숙이면서 발바닥을 지면에 완전히 붙여 걷고, 내려올 때는 되도록 앞발 끝부터 천천히 내디딘다. 초보자의 경우 30분 걷고 10분 쉬고, 숙련자는 50분 정도 걷고 10분 쉬는 것이 적당하다. 물을 너무 많이 마시면 전신이 노곤해지며 소화와 흡수가 떨어진다.

겨우내 쉬었다가 오랜만에 등산을 한다면 비교적 쉬운 코스로 산행시간을 반나절 이내로 줄이고, 하산할 때는 허리를 낮추고 조심스럽게 발을 디뎌야한다. 봄철산행은 아직 기온변화가 심하므로 적당한 외투와 생수, 초콜릿 등 먹거리를 미리 준비하는 것도 현명하다.

2. 조깅

심장과 심폐기능을 향상시킬 수 있는 대표적인 유산소운동이다. 특별한 기술, 장소, 장비가 필요없고, 기후에도 크게 구애받지 않는다. 겨울철의 과다한 음식섭취와 운동부족으로 인한 과체중을 조절하는데 적합한 운동이다. 운동강도는 최대심박수의 약 60~70% 정도가 적당하다. 호흡조절에 큰 어려움이 없고, 약간 숨이 가쁘지만 옆 사람과 대화가 가능한 정도가 좋다.

조깅시 주의사항

- 조깅을 하기 전에 발목, 무릎, 허리 등의 관절을 사전에 충분히 풀어주어 조깅으로 인해 발생할 수 있는 관절의 부상을 예방한다.
- 조깅을 하기에 적합한 장소인 평지가 고른 운동장을 선택한다.

- 완충효과가 좋은 편한 조깅화를 착용하고, 통풍이 잘 되는 옷을 입도록 한다.

운동방법

조깅과 같은 유산소운동은 30분 이상을 운동해서 지방분해 및 심폐기능 향상을 기대할 수 있으므로 속도를 빠르게 해 시간을 짧게 하는 것보다 적절한 속도를 30분간 꾸준히 유지해가며 운동하는 것이 바람직하다. 처음부터 과도한 조깅을 삼가며, 자신의 체력에 맞춰 운동 강도를 서서히 늘려가는 것이 좋다.

운동자세
- 똑바로 서서 머리를 들고 시선은 앞을 향한다.
- 어깨의 힘을 빼고 주먹은 가볍게 쥐고 팔은 편안하게 흔든다.
- 발을 디딜 때에는 발뒤꿈치부터 닿도록 한다.

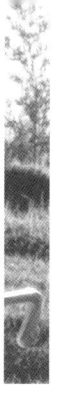

여름에는
어떤 운동이 좋은가?

기온이 높은 여름철에는 운동을 하다보면 땀을 많이 흘리게 된다. 땀은 올라간 몸의 체온을 떨어뜨리기 위해 피부의 혈관이 확장돼 일어나는 현상으로 과다하게 배출될 경우 탈수脫水증상으로 이어진다. 탈수는 여름운동의 복병이다. 과도한 운동으로 체내 수분 부족인 탈수가 지속될 경우 혈장(혈액속의 유형성분인 적혈구, 백혈구, 혈소판을 제외한 액체성분으로 90%가 물로 구성)량 감소와 체온조절 기능저하로 뇌기능에 치명적 손상을 주는 일사병과 같은 열질환에 걸릴 수 있다.

여름철에는 운동으로 인해 생기는 탈수현상을 예방하는 것이 중요하다. 적절한 수분섭취와 휴식이 필수적이다. 탈수현상이 나타나면 우선 갈증을 느끼게 되고 입술이 마르며 기운이 없고 맥박이 빨라지면서 체온이 올라간다.

하루에 물 8잔 이상 꼭 마신다

물은 산소와 함께 인체의 필수요소이다. 우리 몸에서 물이 차지하는 비율은 60~85%인데 이 중 12%를 잃으면 죽게 된다. 인체의 수분은 하루 호흡시 날숨으로 0.6l, 피부에서 증발로 0.5l, 대소변으로 1.4l 등 총 2.5l가 빠져 나간다. 하지만 음식으로 섭취한 양과 몸속의 대사과정 등을 통해 보충되는 양은 고작 1l 정도에 불과하다.

물은 신체의 신진대사에 직·간접적으로 영향을 끼치기 때문에 체내물의 공급을 시기적절하게 잘 조절하는 습관을 기르게 되면 지방이 몸에 쌓이지 않도록 도와주는 작용을 할 것이다. 또한 물은 칼로리가 없기 때문에 체중감량에도 도움을 준다. 즉, 신체의 필요 이상 물을 흡수하게 되면 바로 배설을 하기 위해 신진대사가 작용한다. 신장이 물을 흡수해서 땀이나 소변 등으로 배출을 시켜야 하기 때문에 몸이 스스로 체내 에너지(지방)를 사용하게 되니 물은 많이 마실수록 좋다.

운동전 반드시 물을 마셔야한다

여름철에는 일단 운동 시작 한두 시간 전 500ml 정도의 차가운 물을 미리 마셔두는 게 좋다. 이후 운동과정에 땀으로 소실된 양의 절반 이상을 물로 보충하는 게 바람직하다. 10~15분마다 120~150ml씩의 물을 마셔주면 탈수량의 50%는 보충된다. 운동 시간이 1시간 이상 지속될 경우 저농도의 탄수화물이 함유된 스포츠음료를 마시는 것도 괜찮다.

운동시 주의할 점

땀을 흘리면 염분 보충을 위해 소금을 먹으면 되는 것으로 알려져 있다. 하지만 체내 염분농도를 증가시켜 탈수현상을 부채질할 수 있으므로 주의해야 한다. 더욱이 섭취된 소금을 장에서 흡수하기 위해 더 많은 수분을 위와 장에서 필요로 하기 때문에 탈수가 심해진다. 염분농도가 높은 일부 이온음료를 과다하게 마셔도 이같은 현상이 나타날 수 있으므로 주의한다.

70%가 수분으로 이루어진 우리 몸은 운동 중 일단 갈증이 나면 약 2% 정도의 수분이 빠져나가 탈수가 진행되고 있고 수분이 3% 빠지면 산소호흡이 필요하고, 5% 소실되면 근육의 힘과 내구력은 상당히 줄어들 수 있다. 10% 이상을 잃게 되면 열사병 상태에까지

이르게 되므로 수분섭취에 신경써야 한다.

여름에 알맞은 운동프로그램

 여름에 가장 좋은 운동은 탈수현상없이 무리하지 않고 적당하게 유산소운동, 근력운동, 유연성운동을 골고루 하는 것이 좋다. 낮 기온이 25도 이상되는 날씨에는 실외보다는 실내에서,
 전체 운동시간은 1시간이내에 끝낼 수 있도록 하는 것이 바람직하다. 더운 날씨에 무리하게 운동하다 보면 자칫 아니한만 못한 결과를 가져오기 때문이다.

 여름에 추천하고 싶은 운동은 심폐기능을 향상시키는 유산소운동, 관절과 근육을 부드럽게 하는 유연성운동, 근육과 뼈를 튼튼하게 하는 근력운동 등 세 가지 운동 중 한 가지만 하는 것보다 자신의 몸 상태를 체크해가며 골고루 운동해주는 것이 바람직하다.

유산소운동

 걷기, 조깅, 마라톤, 달리기, 자전거타기, 수영, 등산 등이 대표적인 유산소운동이다. 유산소운동을 꾸준히 하면 심장, 폐, 혈관

이 튼튼해지고, 기초대사량이 향상되어 체중감량에 효과적이다.

근력운동

근육의 힘을 키우는 운동은 아령이나 바벨 등 기구를 이용한 운동이다. 부위별 근력강화 운동들이 근력운동에 속한다. 근육운동을 하면 혈액순환이 좋아지지 때문에 뼈의 밀도가 높아지고 골다공증 예방에도 도움이 된다.

유연성운동

스트레칭은 자주 사용하는 부위의 긴장을 풀어주는 동시에 자주 사용하지 않는 부위를 부드럽게 해 주어 부상을 예방시켜준다. 또한 혈액순환을 개선시켜주고 피로회복, 스트레스해소에 많은 도움을 준다.

가을에는
어떤 운동이 좋은가?

작심하고 운동을 시작한 사람들이 많다. 더위가 가시면서 제법 선선해지는 등 운동에 적합한 조건이 갖춰져서다. 그러나 더운 여름을 지나면서 체력이 떨어진 상태에서 무작정 시작하는 운동은 근골격계 질환으로 이어지기 쉬울 뿐 아니라 심장질환자나 고혈압을 가진 사람에게 치명적인 후유증을 남길 수도 있어 특별한 조심이 필요하다.

자신에게 맞는 운동법은 체력과 취향에 따라 다르지만 즐겁게, 오래 할 수 있는 운동을 선택하는 것이 중요하다.

40대는 평소 업무량과 만성질환이 많아 운동을 통한 체력관리와 식습관, 적절한 스트레스 관리가 무엇보다 중요한 시기이다.

근육량이 서서히 감소되고 몸의 유연성이 떨어지는 등 운동능력이 감소되기 시작하는 시기인 만큼 고강도 운동프로그램으로 시작하기보다는 스트레칭이나 유산소운동인 줄넘기로 몸을 만든 뒤 운동량을 늘리는 것이 바람직하다.

40대를 위한 운동과 스트레칭

특별한 성인병 질환이 없는 건강한 사람이라면 빠른 걷기로 5km를 걷는 운동을 주 3회 이상 걸쳐 하거나, 1~2km를 매일 걷는 것이 좋다. 그러나 평소 운동을 하지 않았던 사람이라면 자신의 몸 상태를 체크해가며 실시하자. 이때 운동 전 5~10분간 준비운동을 해야 한다. 그래야 심장 박동수가 증가해 운동에 적합하게 체온을 올려 근육의 혈류량을 증가시키기 때문이다.

또 스트레칭을 통해 근육과 힘줄을 유연하게 푼 뒤 운동에 나서야 염좌 등 손상을 예방할 수 있다. 스트레칭은 허벅지와 장딴지, 가슴, 팔 등 큰 근육을 중심으로 실시한다. 특히, 고혈압이나 심혈관질환이 있는 사람이라면 반드시 스트레칭을 철저히 실시해 운동으로 인한 위험을 줄일 수 있다.

운동시 주의할 점

- 평소 운동을 하지 않던 사람은 짧은 시간(20분 정도)에 낮은 강도로 운동을 시작한다. 1~2달후 운동강도, 운동 횟수 등을 서서히 늘린다.
- 주 3회 이상, 지속적으로 운동하는 것이 무엇보다 중요하다.
- 운동시간은 오전, 오후 어느 때든 큰 관계가 없다. 그러나 고혈압이나 심장질환자는 일교차를 감안, 새벽 운동은 피한다.
- 운동 후 마무리운동은 반드시 한다. 마무리운동 없이 갑자기 운동을 멈추면 혈류가 근육에 남아 현기증, 메스꺼움, 심한 피로감을 느끼게 된다. 신체가 혈류의 변화에 적응하는 데 3분 정도 걸리므로 마무리 스트레칭은 최소 3분이상 해야 효과가 있다.

가을에 알맞은 운동프로그램

스트레칭

스트레칭은 배우기가 쉽다. 그러나 스트레칭에는 올바른 방법과 그릇된 방법이 있다. 올바른 방법은 스트레칭되는 근육에 주의를 기울여 긴장을 풀고 지속적으로 스트레칭하는 것이다.

불행히도 많은 사람들에 의해서 행해지고 있는 그릇된 방법은 상하로 반동을 주거나 통증이 있는 지점을 스트레칭한다는 것이다. 이러한 방법은 사실 이롭기보다는 해로운 영향을 미칠 것이다. 규칙적으로 정확하게 스트레칭한다면 모든 운동이 훨씬 쉽게 이루어진다는 것을 알게 될 것이다.

줄넘기

단위시간당 칼로리 소모가 많은 운동이며 고혈압 및 동맥경화 예방, 골다공증 예방에 도움을 준다. 좁은 공간에서도 혼자서 손쉽게 할 수 있는 운동이다. 걷기, 달리기 등 다른 유산소운동에 비해 단위시간당 운동량이 많다. 10분을 기준으로 한 칼로리 소모량은 정상 속도 걷기가 53kcal, 가볍게 달리는 조깅은 88kcal이다. 반면 줄넘기를 10분 동안 하면 110~130kcal가 소모되는 만큼 바쁜 현대인들에게 효율적이다.

효율적인 운동방법

줄넘기는 1주일에 3일 이상 지속적으로 해야 한다. 1분에 100회 한 후 1분 휴식하는 것을 1세트로 3~5세트 반복한다. 총 운동시간은 20분 이상 해야 한다. 하지만 무리하게는 하지 말고 개인 역량에 맞춰야 한다.

줄넘기 운동이 어느 정도 익숙해지면 주단위로 1분씩 늘려 운동한다. 줄넘기를 하기 전 준비운동을 하고, 하고 난 뒤 마무리운동을 충분히 해야 근육의 긴장과 피로가 풀려 부상을 방지할 수 있다.

줄넘기 기본자세

- 어깨 힘을 빼고 시선은 정면을 향한다.
- 양 팔꿈치는 겨드랑이에 붙이고 손은 허리에 붙인다.
- 손잡이는 되도록 뒷부분을 가볍게 잡는다. 손잡이 윗부분을 엄지손가락으로 살짝 누르고 돌리면 줄의 회전력이 커져 훨씬 잘 돌아간다.
- 무릎의 탄력을 이용해 점프하고 줄넘기는 손목으로 가볍게 돌린다.
- 너무 높이 뛰지 말고, 반드시 발의 앞부분으로 착지한다. 발뒤꿈치가 땅에 닿으면 안 된다.

줄넘기시 주의사항

- 무릎을 구부렸다 펴지 않고 구부린 채로 점프하면 무릎관절에 과도한 충격을 준다.
- 신발은 쿠션이 있는 것으로 신는다. 그래야 충격을 잘 흡수한다.
- 콘크리트나 아스팔트 위에서는 관절과 발목에 충격을 줄 수 있으므로 마룻바닥이나 흙바닥, 매트에서 하는 것이 좋다.

겨울에는
어떤 운동이 좋은가?

 겨울은 어느 때보다 살찌기 쉬운 계절이다. 겨울을 나고 꽃피는 봄이 오면 자신도 모르는 새 불어난 체중을 실감하게 되는 경우가 많이 있는데 겨울에는 섭취열량에 비해 활동이 줄어 체중이 쉽게 증가한다.

 중년기에는 체력이 급격히 떨어짐을 느끼고 몸에 이상이 있다는 신화가 곳곳에 감지한다. 술과 담배, 균형을 잃은 식사 등으로 고혈압, 협심증, 관상동맥질환, 고지혈증 등 심혈관계질환의 징후가 감지되는 시기이므로 겨울철에는 특별한 운동관리가 필요하다.

겨울 비만에 원인은?

한 마디로 더 먹고 덜 움직이기 때문이다.

이근미 영남대병원 가정의학과 교수는 "기온이 떨어지면 인체는 에너지를 저장하려는 쪽으로 대사가 이뤄지며 실내 생활이 늘면서 먹는 일이 잦아져 겨울에는 살이 찌기 쉽다."고 말했다.

사람은 혈액순환과 호흡 등 생명을 유지하기 위해 매일 일정한 열량을 소모한다. 이 기초대사량은 사람마다 차이가 있지만 보통 1천~2천kcal이다. 특히 겨울에는 기초대사량의 편차가 크다.

활동적인 사람은 추위를 이기기 위해 더 많은 열을 발산해야 하기 때문에 기초대사량이 많아지지만 실내에서 보내는 시간이 많은 사람은 운동량이 줄어 기초대사량이 감소한다. 기초대사량이 줄면 조금만 먹어도 열량이 남아 살이 찌게 된다.

겨울철 알맞은 운동프로그램

겨울철에는 활동량에 비해 섭취량이 많은 계절이다. 꾸준한 운동으로 열량 소모와 함께 기초대사량을 늘려주는 것이 바람직하다. 인체가 섭취하는 영양분의 주종은 지방과 단백질, 탄수화물이다.

이들은 체내에서 에너지로 활용된다. 운동을 하면 가장 먼저 에너지로 바뀌는 것이 탄수화물이다. 탄수화물은 평소 간에 글리코겐 형태로 저장되었다가 운동으로 혈액 속 당분이 소모되면 포도당으로 분해되어 혈액으로 공급된다.

운동이 지속돼서 탄수화물이 동난 뒤에는 지방이 에너지원으로 활용된다. 즉, 운동이 에너지를 소모하는 데 있어서 처음 20여 분 동안 탄수화물을 사용한 뒤에야 지방을 이용한다. 따라서 최소한 20분 이상은 운동해야 지방을 줄여 체중 감량의 효과를 얻을 수 있다.

특히 지방은 분해되는 과정에서 산소가 필요하기 때문에 겨울철에는 걷기, 자전거타기 등의 유산소운동이 효과적이다.

겨울철 운동복장
- 얼굴
  모자는 귀까지 덮게, 마스크와 목도리 필요
- 손
  장갑 등으로 보온 관리
- 상의

상의는 얇은 옷 여러 벌 입기
- 하의

운동복은 평상시 면소재. 눈과 비 올 때 나일론이나 고어텍스 제품 사용

1. 걷기

많은 유산소운동 중에 가장 사랑받는 걷기는 특별한 준비물이 필요없고 걸을 공간만 있으면 누구든지 시작할 수 있는 대표적인 유산소운동이다. 가장 쉽고 기본적이면서도 효과가 좋은 걷기운동은 과체중인 사람이나 노인, 심장병 환자에게 좋으며 앉아서 생활하는 시간이 많은 직장인들에게 심폐기능을 향상시켜 준다. 비만, 성인병 예방, 노화방지 등 운동효과가 뛰어나다.

걷기시 주의사항

- 운동화는 잘 맞는 것으로 선택한다.
- 땀이 날 때에는 물을 섭취한다.(조금씩 자주)
- 걷기 전에 무릎 및 발목 등 스트레칭을 가볍게 해준다.
- 관절염환자는 경사가 심한 언덕, 울퉁불퉁한 거리 등은 가급적 피하는 것이 좋다.

올바른 걷기 자세

호흡 : 코로 깊이 들이마시고 입으로 내뱉는다.

시선 : 10~15cm 앞 땅바닥을 주시한다.

손 : 달걀 쥔 모양으로 편하게 쥔다.

몸체 : 5도 앞으로 기울인다.

팔 : L자 또는 V자(가급적 90도 유지)

보폭 : (키 - 100cm)

발 딛는 순서 : 뒤꿈치 ☞ 발바닥 ☞ 발가락

체 중	산책 / 30분 3000보(약1.9km)	약간빨리걷기/30분 3690보(약2.4km)	빨리걷기/30분 4620보(약3.0km)	아주빨리걷기/30분 5310보(약3.4km)
50kg	77kcal	86kcal	100kcal	112kcal
55kg	85kca	95kcal	110kcal	123kcal
60kg	92kcal	103kcal	120kcal	134kcal
65kg	100kcal	112kcal	130kcal	145kcal
70kg	108kcal	121kcal	140kcal	156kcal
80kg	123kcal	138kcal	160kcal	178kcal
90kg	138kcal	155kcal	180kcal	201kcal
100kg	154kcal	172kcal	200kcal	223kcal

출처 : 〈대한걷기연맹 홈페이지〉[25]

여섯 번째
생각

이젠,
다이어트에
올인해라

체중감량의 이해

요즘 20~30대 연령층에서도 비만이 급속도로 늘어나고 있다. 문제는 잘못된 생활습관이 당뇨와 고혈압 등 만성질환을 일으킬 수 있다는데 있다. 비만은 인체의 모든 정상적인 기능들을 저하시키고 때로는 기능을 상실하게 만들 수 있는 만성질환이다.

체중이 증가하면 잉여의 지방이 몸에 쌓여 혈관을 수축하게 만들고 만성피로를 유발시키며 신체활동량을 저하시킨다.

과체중 때문에 고민하는 40대 직장인A

입사한지 3년 만에 체중이 20kg이 증가한 회사원인 후배는 현재 잘나가는 모바일게임 개발자이다. 회사 내에서는 능력있는 중간관리자였다. 하지만 게임을 개발하는 분야이다 보니 퇴근시간이 불규칙했고 야근이 잦다보니 야식으로 끼니를 해결하는 날이 비일비재했다.

보통 10시 이후에 귀가하는 후배는 충혈된 눈과 천근만근 무거운 몸때문에 늘 아내를 안쓰럽게 만들었다. 아내는 늘 피로에 지쳐있는 남편에게 운동 좀 하라고 권유했지만 돌아오는 대답은 '귀찮다' 는 말뿐이었다.

과체중은 당뇨, 콜레스테롤 수치를 증가시킨다. 그럼 과체중에서 적정체중으로 되돌아가 건강을 지키기 위해 먼저 알아야하는 것은 무엇일까?

꾸준한 운동도 중요하지만 먼저 식욕을 왕성하게 자극시키는 뇌의 메커니즘을 이해해야 한다. 대뇌 밑에 있는 시상하부에는 포만중추와 섭식중추가 있다. 배가 고프면 섭취중추에서 배가 고프다는 신호가 활발해져 먹을 것을 찾게 된다. 배가 부르면 포만중추의 활동이 활발해져서 음식을 보아도 무관심해지게 된다. 음식을 먹게 되면 혈액중의 포도당 농도인 혈당치가 상승하여 포만중추를 자극하게 된다. 비만인은 포만중추의 자극이 일반인들보다 반응속도가 느려 섭취량이 많아 비만으로 이어지게 만든다.

다음은 고객들과 체중조절 상담했던 내용들이다.

Q〉 과식하는 버릇은 어떻게 고쳐야 되나요?
A〉 과식으로 인해 살이 쪘다고 무조건 굶는 다이어트로 체중을 감소시키겠다는 마음은 건강을 해칠 위험이 많습니다. 본인 스스로 과식하는 버릇을 찾아내 서서히 고쳐나가려는 마음가짐을 가지는 것이 중요합니다.

먼저, 포만감을 주면서 칼로리가 낮은 식품을 선택하기 바랍니다. 포만감을 주는 저칼로리 위주의 식품을 먹게 되면 '배가 부르다' 라는 신호를 빨리 느끼게 되어 결과적으로 과식을 멀리할 수 있습니다.
그리고 평소의 섭취량을 줄이고 식습관을 개선할 수 있도록 식사일지를 매일 작성하는 것입니다.

과식을 하게 만드는 생활습관을 고쳐나갑니다. 예들 들면 TV를 시청하면서 먹거나, 늦은 시간에 허기지다고 라면이나 인스턴트식품 등을 먹지 않는 겁니다. 이러한 습관을 식사일지로 매일 작성해 나가는 것입니다. 자신의 양을 체크하고 조절하게 되면 과식을 피할 수 있을 것입니다.

Q〉 다이어트를 하려면 채소를 많이 먹으라고 하는데 그 이유는 무엇인가요?

A〉 채소류는 다른 식품들에 비해 칼로리가 낮습니다. 또한 채소에는 식이섬유와 비타민이 풍부하게 들어 있습니다. 특히 섬유소는 변비를 예방하고 칼로리는 낮으면서도 포만감을 주기 때문에 다이어트를 하는 분들께 적극 권장하고 있습니다.

Q〉 운동으로는 하루에 몇 칼로리 정도 소비하는 것이 적당한가요?

A〉 일주일에 1kg의 체중을 줄이기 위해서는 하루에 1,000kcal의 열량을 소모해야 합니다. 이때 식이요법으로 약 700kcal, 운동으로 300kcal 정도로 소비해 주는 것이 힘들이지 않고 안전하게 체중을 감량시킬 수 있습니다. 식이요법과 운동요법을 병행하면 체중의 감소는 물론 부작용에서 벗어날 수 있습니다.

Q〉 다이어트를 중단하니까 체중이 예전으로 다시 돌아갔어요. 왜 그러죠?

A〉 체중이 원래의 상태로 돌아갔다는 것은 요요현상이 일어났기 때문입니다.

먼저, 기초대사량이 감소했기 때문입니다. 체중감량을 위해

식사량, 즉 칼로리 섭취량을 줄이게 되면 몸은 여기에 적응하기 위해 기초대사량을 감소시킬 수밖에 없습니다. 따라서 다이어트 후에 다시 이전 수준의 식사량을 섭취하면 똑같은 양의 음식을 먹는다 하더라도 기초대사량은 이미 감소하였기 때문에 몸은 칼로리가 과잉이라고 감지하고 체지방으로 축적하여 체중이 다시 증가하는 것입니다.

그리고 체중이 감소했다 할지라도 체내의 지방세포의 수는 그대로 존재하며 언제든지 다시 이전의 지방이 가장 많았던 상태로 되돌아가고자 하기 때문입니다. 다시 말해, 요요현상으로 체중이 다시 증가한다는 것은 지방조직이 차지한 비율대로 증가한다는 뜻입니다.

서서히 혈관이 좁아지게 만드는 '침묵의 질병'인 고지혈증 환자가 100만 명을 돌파했다는 기사가 있어 소개하고자 한다.

"국민건강보험공단이 건강보험 진료비지급 자료의 분석에 따르면 건강검진 수검자 1,085만 명 가운데 이상지질혈증 질환 의심자가 261만 명으로 전체의 24.1%를 차지했다. 남성은 28.3%, 여성은 18.8%가 의심자로 판정됐다.

이상지질혈증은 혈액 속 지방성분이 기준보다 높은 고지혈증과 고밀도(HDL)콜레스테롤이 기준보다 낮은 혈관 증상으로 주요 원인으로는 음식 문화의 서구화로 인한 고칼로리 섭취가 꼽힌다.
공단 측은 "기름기 많은 육류나 콜레스테롤이 많은 음식을 줄이고 야채와 과일, 콩 등의 섭취를 늘려야" 한다고 말했다."[26]

콜레스테롤이란 끈적끈적한 지방단백질인데 혈액 속을 돌아다니다가 작은 혈관을 막아 뇌졸중(중풍)을 만들기도 하고 심장병을 유발시키기도 한다. 중성지방도 혈관을 따라 돌다가 혈관 벽에 쌓여 굳으면서 동맥경화를 만든다.

콜레스테롤은 고밀도 지방단백질(HDL)과 저밀도 지방단백질(LDL)있다. 좋은 HDL과 나쁜 LDL이 어느 정도의 비율로 있느냐에 따라 건강상태는 달라진다.
HDL의 역할은 나쁜 LDL이라는 나쁜 콜레스테롤을 잡아 간으로 데려가 다시 영양소로 바꾸는 역할을 해준다.

HDL은 규칙적인 운동을 할 때 많이 만들어진다. 운동을 통해 기초대사량도 높이고 몸 안에서의 지방합성작용을 저하시키며 체지방을 태워 체지방을 많이 생성시키자.

유전이나 질환에 의한 것을 제외하고 비만의 원인은 간단하다. 활동으로 소비하는 칼로리보다 섭취하는 칼로리가 더 많거나, 섭취하는 칼로리보다 활동하는 칼로리가 더 적을 때, 남는 칼로리가 몸에 지방으로 쌓이는 것이다.

> **Point!**
> - 체중이 증가하면 잉여의 지방이 몸에 쌓여 혈관을 수축하게 만들고 만성피로를 유발시키며 신체활동을 저하시킨다.
> - 비만인은 포만중추 자극이 일반인들보다 반응속도가 느려 섭취량이 많아 비만으로 이어지게 된다.
> - 콜레스테롤은 고밀도 지방단백질(HDL)과 저밀도 지방단백질(LDL)이 있다. HDL의 역할은 나쁜 콜레스테롤을 잡아 간으로 데려가 다시 영양소로 바꾸는 역할을 한다.
> - HDL은 규칙적인 운동을 할 때 많이 만들어진다.

중년 남성과
여성의 신체비밀

치킨과 피자, 인스턴트식품들은 살이 찌게 만든다는 것은 이젠 삼척동자도 아는 사실이다. 그런데 살찌는 줄 알면서도 왜 먹었을까?
아침이면 늘 속이 더부룩하고 후회를 하면서도 저녁이면 또 다시 야식의 유혹에 빠져드는 악순환이 계속 되고 있다.

저녁에 먹는 야식은 특히 남성들의 경우, 비만으로 이어지게 만드는 주범이다. 낮에는 신체활동을 통해 에너지를 소모시켜 음식을 섭취하더라도 소화를 시킬 수 있는 시간이 충분하다. 하지만 저녁에 섭취하는 음식, 특히 신체활동이 적은 늦은 시간에 먹는 야식은 소비하는 에너지가 적어 열량이 그대로 몸에 축적되어 살이 찌게 된다.

지난 주말 직장동료들과 관악산 등산을 즐겼던 A씨가 있다. 그는 두 시간의 산을 탄 후 내려오면서 막걸리를 마셨다. 등산이후 마신 막걸리는 꿀맛이었다.

여름이 점점 다가오자 본격적으로 다이어트에 돌입한 B씨는 한강변 달리기를 시작했다. 걷다가 숨이 턱밑까지 올라올 때면 시원한 맥주 한 캔을 들이키며 쉬엄쉬엄 다시 걷기 시작한다.

다이어트를 외치면서도 실제 운동은 겉치레로 하며 폭음을 즐기는 경우가 잦은 것으로 나타났다.

" '2011년 지역 건강통계'에 따르면 '고위험 음주율'이 2008년 이후 지속적으로 감소하다가 2011년에 다시 증가했다고 한다. 고위험 음주율은 최근 1년 동안 한 번의 술자리에서 남성은 7잔 이상, 여성은 5잔 이상을 주2회 이상 마신다고 응답했다.
반면 '걷기 실천률'은 2008년 이후 꾸준히 감소하고 있다. 걷기 실천율은 한번에 30분 이상 걷기를 일주일에 5일 이상 실천한 사람의 비율도 감소했으며, 국민 10명 가운데 6명은 하루에 30분도 걷지 않는다고 했다."[27]

남성이 여성들보다 살이 쉽게 빠지고 쉽게 찌는데 과학적으로 근거가 있다는 기사를 접했다. 살이 쉽게 빠진다는 말은 근거가 있다고 했다. 그러나 더 쉽게 살이 찌는 건 아니라고 말했다.

일반적으로 남성과 여성의 경우 살이 찌는 위치와 형태가 다르다. 서울 백병원 비만클리닉 강재헌 교수는 이렇게 말했다.

"여성은 엉덩이와 허벅지, 아랫배에 체지방 축적이 많이 되며 가슴, 팔뚝, 얼굴이 마지막으로 살이 찝니다."[28]

반면 남성의 경우 배를 중심으로 살이 가장 먼저 찐다. 피하지방 축적이 여성과 달리 남성들은 내장지방으로 축적되기 때문에 고혈압이나 당뇨병같은 성인병의 위험이 높다. 그러나 남성의 경우, 조금만 노력을 기울인다면 여성에 비해 더욱 쉽게 체중을 감량시킬 수 있다.

무엇보다 남성의 경우 조금만 운동을 해도 기초대사량이 증가한다. 의자에 가만히 앉아 있어도 여성에 비해 더 많은 에너지를 소모시킬 수 있고 더 빨리 체중을 감량시킬 수 있다.

이러한 칼로리 소모는 운동을 할 때 더 크게 나타난다. 남성은 여성의 비해 근육의 비율이 높고 기초대사량이 많기 때문에 같은 시간을 운동하더라도 여성에 비해 더 많은 체지방을 감소시킬 수 있다.

실제로 남성은 여성에 비해 근육발달을 돕는 남성호르몬의 영향으로 기본적으로 많은 근육량을 가지고 있다. 몸속에 근육량이 많을수록 필요로 하는 기초대사량이 높아지고 기초대사량이 많아지면 또한 칼로리 소모량이 많아지기 때문에 남성이 더 쉽고 빨리 살을 뺄 수 있다는 것이다. 보건복지부에서 성별 비만인구 비율을 발표한 것을 보면 다음과 같다.

"여성의 비만인구 비율은 10년 동안 12%에서 18%로 증가한 반면, 남성의 비만 인구비율은 10년 새, 18%에서 36%로 2배로 증가했다."

비교적 쉽게 살을 뺄 수 있는 조건에도 불구하고 남성들의 비만인구 비율이 여성들에 비해 가파르게 증가하고 있는 것은 남성들의 잘못된 생활습관과 무관하지 않다.
과체중 때문에 다이어트샵에 등록한 어느 직장인은 위의 구절에 이렇게 답했다.

"건강의 중요성은 당연히 알고 있습니다. 그러나 퇴근하고 밤늦게 집에 들어오는 생활이 반복되니 평일은 물론, 주말에도 힘들고 귀찮아 운동을 거의 못하고 있습니다. 대신 스트레스와 피로를 시원한 맥주로 해결하고 있습니다."

술을 마시면 피로가 풀리고 스트레스가 해소될 수 있을 것이라 생각하지만 뇌 시상하부와 뇌하수체, 부신피질 등에서 스트레스에 반응하는 호르몬이 더 많이 나와 오히려 건강을 더욱 악화시킬 수 있다. 그리고 술은 지방분해를 방해하는 요소가 있어 다이어트를 하고자 하는 사람들에게는 상극이다.

남성이 여성에 비해 살이 쉽게 빠질 수 있는 것은 사실이다. 하지만 살이 쉽게 찔 수 있는 것도 사실이다. 하지만 살이 찔 수 있는 환경에 노출되고 성인병을 유발하는 내장지방의 형태로 살이 찌기 때문에 적절한 운동과 생활습관이 필요하다.

습관이 행복한 인생을 만들어 간다는 사실은 아시나요?
연초에는 모든 사람들이 다이어트를 통해 건강한 한 해를 보내기위해 다짐합니다. 꾸준한 운동과 식습관 개선으로 가족과 주위 동료들에게 자기관리를 철저하게 한다는 모습을 보여주자며 주먹을 불끈 쥡니다. 그런데 잘 생각해보면 혹시 작년에도 그러한 다짐을 하시지 않으셨나요? 어쩌면 재작년에도 그랬을지…

  사실 필자도 그런 경험을 가졌다.
  지방분해를 방해하는 다이어트의 적인 봉지커피를 마시는 대신 하루 8잔의 생수로 포만감을 주어 식사량을 조절하기로 결심했지만, 막상 식사 후의 향긋한 커피의 유혹을 뿌리칠 수 없어 생수대신 봉지커피를 휘저으며 마시게 되었다. 일상의 사소한 일이지만 자신의 생활습관을 바꾸기란 쉽지 않다.

  이러한 작은 습관이 모여 거대해지고, 결국엔 삶 전체를 지배받게 되는 것이다.
  이럴 때 가까이에서 커피대신 생수를 함께 마실 수 있는 동료가 있다면 얼마나 좋을까?
  다이어트를 결심한 사람들이 모여 이러한 잘못된 습관들을 바꾸기 위해 서로서로 용기를 북돋워주고 멘토링해 줄 수 있다면 얼마나 행복하겠는가?

  다이어트를 꼭 성공하려면 다이어트를 성공한 사람들의 노하우를 직접 들어보자. 직접 만나서 듣고 몸으로 느끼면 동기부여가 확실해져 다이어트 성공에 쉽게 다다를 수 있다.

Point!
- 여성은 엉덩이와 허벅지, 아랫배에 체지방 축적이 많다.
- 남성은 배를 중심으로 살이 가장 먼저 찐다.
- 여성의 피하지방 축적과 달리 남성은 내장지방의 축적이 많다.
- 술은 뇌 시상하부와 뇌하수체, 부신피질 등에서 스트레스에 반응하는 호르몬이 더 많이 나온다.

비만은 은행! 지방은 현찰!
건강은 마음가짐!

'의학의 아버지'라고 부르는 그리스시대의 철학자이자 서양 의학의 시조인 히포크라테스는 가장 훌륭한 약은 운동이라고 했다.

근육은 사용하면 할수록 강해지고 사용하지 않으면 않을수록 약해지는 용수철같은 성질을 가지고 있다.

지방은 한 번 쌓이면 쌓여진 만큼 반드시 유지하려는 성질이 있기 때문에 근육을 많이 사용하여 운동이라는 에너지로 태워 없애기 전에는 비만으로부터 자유롭지 못할 것이다.

암 재발을 막으려면 운동을 해야 한다는 연구결과가 나왔다.

"미국 네브래스카대학 메디컬센터 로라 빌레크박사는 항암치료 완료 후 운동을 하면 노쇠한 T세포보다 처녀 T세포의 비율이 높아져 재발 위험이 낮아진다고 발표했다.

처녀 T세포는 골수에서 만들어진 뒤 한 번도 항원에 노출된 적이 없는 미접촉 T세포를 말한다. 항암치료 후에는 T세포가 노화돼 환자가 질병이나 감염과 싸울 수 있는 힘이 약해진다.

발레크박사는 암 생존자 16명을 대상으로 12주 운동프로그램을 실시, 참가 전후에 혈액 샘플을 채취해 이러한 결과를 확인했다고 밝혔다. 이는 운동이 신체에 도움되지 않는 노쇠한 T세포를 제거해 새로운 T세포가 들어올 수 있는 공간을 마련한다는 것을 의미한다고 설명했다."[29]

앞의 연구논문에서 말한 것처럼 꾸준한 운동만이 암의 재발을 막을 수 있다고 강조했다. 선진국에서는 1950년대에 비만을 이미 병으로 간주하기 시작하였다. 유전이나 질환에 의한 비만을 제외하고는 비만의 원인은 간단하다. 활동으로 인한 칼로리보다 더 많이 섭취하였거나 섭취량에 비해 활동량이 현저히 적을 때 남은 칼로리가 몸에 지방으로 쌓였기 때문에 비만으로 이어진 것이다.

지방은 성인병을 만들게 하는 온상이다. 나쁜 바이러스들은 따뜻하고 습기 찬 환경을 좋아한다. 고혈압, 근심경색, 당뇨, 심장병 등의 성인병은 지방이 풍성한 비만을 좋아한다.

규칙적인 운동은 활동량을 늘여 체내에 칼로리가 남아 지방세포의 숫자가 늘어나는 것을 막아주는 역할을 해준다.

비만은 과잉섭취에 달려있고 섭취는 식욕에 달려 있다. 평상시 자기관리를 철저히 하는 사람은 배가 부르거나 고픈 것을 음식조절을 적절하게 하여 유지할 수 있다. 하지만 비만인은 시상하부에서 포만감을 느끼게 해주는 호르몬의 반응이 느려져 과식을 하게 만든다.

"비만은 은행이며 지방은 현찰이다."

현찰이 많으면 일하기 싫어하고 서 있는 것보다는 앉아 있기를 좋아한다. 앉아 있는 것보다는 누워있는 것이 편할 것이다.

중요한 사실은 이러한 일이 반복될 때 자기도 모르게 원하지 않는 몸으로 번해간다는 사실이다. 중요한 것은 이런 상황이 계속 지속될 때 복부에 지방이 계속 쌓여져 성인병이 발생할 수도 있다는 사실이다.

정상보다 7kg이상 체중이 증가한다면 하루 종일 어깨에 쌀 한 가마를 지고 생활하는 거와 같다고 한다. 생활습관을 바꾸자.

하지만 지방이라고 무조건 인체에 나쁜 영향을 주는 것만은 아니다.

적당한 지방은 반드시 필요하다. 몸의 장기를 보호해주고 춥거나 덥거나 몸의 체온을 일정하게 유지시켜주는 기능을 해주고 있기 때문이다.

비만을 만드는 노란지방이 아닌 인간의 생명을 유지시켜 주는 갈색지방을 만들기 위해서 노력해야 한다. 운동은 노란지방을 멀리하게 만들고 갈색지방을 생성시켜준다.

이 세상에서 그 어떤 투자보다도 가장 가치 있는 투자가 무엇이라고 생각하는가?

돈? 승진? 명예? …… 행복의 뿌리를 관철하고 분석해보면 그 뿌리는 단 한 가지라는 것을 알 수 있다. 좌절하지 않고 다시 시작할 수 있는 힘, 그것은 건강이다.

건강을 생각한다는 것은 천문학적인 돈을 쏟아 부어도 아깝지 않고 성적이 좀 떨어지는 한이 있더라도 최우선적으로 생각하고 있어야 할 우선순위가 아닐까 싶다.

하얀 안경을 쓰고 보면 세상이 온통 하얗게 보일 것이고, 파란 안경을 쓰고 보면 세상이 온통 파랗게 보일 것이다. 똑같은 상황을 행복의 안경으로 쳐다보면 행복한 세상으로 비쳐질 것이지만 불행한 안경으로 세상을 쳐다보게 되면 세상은 불행하게 비쳐질 것이다.

스팬퍼드대학교 의과대학에 이런 글이 쓰여져 있다.

"마음속에 사랑과 기쁨과 감사가 있으면 엔도르핀의 분비가 촉진되고 이는 스트레스호르몬의 감소로 이어진다. 그 결과 면역력이 크게 강화된다."

마음가짐은 누구에게는 삶을 살아가는데 큰 교훈과 보약이 될 수 있다. 누군가에게는 건강을 잃게 만들어버리는 고장난 나침반이 될 수가 있다.

부정적인 사고는 지방의 분해를 억제시키게 만든다. 하지만 즐거운 마음가짐으로 운동을 할 경우 지방분해를 촉진시켜 만들어 적정체중으로 돌아가게 도와줄 것이다.

즐거운 마음가짐으로 생활에 임할 때, 운동에 도움이 되는 몇 가지를 다음과 같이 주문하고 싶다.

첫째, 생활의 리듬을 활기차게 만들자

하고 있는 일이 아무리 쫓겨도 일할 때는 즐거운 마음으로 활기차게 임하고 쉴 때는 확실하게 쉬는 정신자세가 필요하다.

스스로 그런 기분이 나지 않더라도 밝고 활기찬 마음으로 행동한다면 그날 하루의 생활리듬상태는 바르게 가짐과 동시에 운동에 긍정적인 영향을 끼치게 할 수 있는 에너지로 충만해질 것이다. 활기찬 마음은 건강을 유지하게 하는 윤활유다.

둘째, 마음의 여유를 갖자

가슴속에 조급한 마음을 빨리 떨쳐 버려 긍정의 씨앗을 가슴속에 깊이 심어야 한다.

가장 적은 것으로도 만족할 줄 아는 사람이 가장 큰 부자라고 했다. 그러기 위해서는 늘 오픈된 마음으로 세상을 바라보자. 그러면 마음속에 있는 긍정의 커튼은 더욱 활짝 열리게 될 것이다.

서울 아산병원 김종성 교수팀이 다음과 같은 연구결과를 발표했다.

뇌졸증으로 입원한 224명과 일반 환자 100명의 성격을 비교한 결과다. 뇌졸중으로 입원한 사람들은 외부자극에 대한 민감도가 평균 7.7배 높아 뇌졸중 발생 위험도가 1.5배 높은 것으로 나타났다고 한다. 장수하는 성격은 세 가지에 원칙이 있다고 말했다.[30]

첫째, 완벽한 결과를 추구하기보다 성실한 과정을 중시하는 것이다.
둘째, 여유 있는 삶이다.
셋째, 관심과 방향을 나에게서 남으로 바꾸는 것이다. 다른 사람의 말을 경청하고 이웃과 삶을 공유하는 자세가 필요하다.

Pint!
- 비만은 은행이며 지방은 현찰이다.
- 적당한 지방은 몸의 장기를 보호해주고 춥거나 더울 때 몸의 체온을 유지시켜준다.
- 비만을 만드는 노랑지방이 아닌 인간의 생명을 유지시켜주는 갈색지방을 만들기 위해 운동을 해야 한다.

다이어트의
함정

다이어트에 실패하는 사람들의 마음은 공통점이 있다.

'오늘부터 무조건 굶는 거다.'
'난 역시 다이어트를 하는 체질이 아닌가 봐.'

다이어트에 성공하겠다는 희망을 가슴에 품고 돌입했지만 결국은 절망으로 되돌아 어깨를 무겁게 만들어버린다. 머릿속은 다이어트 생각들로 맴돌지만 정작 성과없는 하루로 마무리짓는다.
다이어트에 대한 정확한 정보를 모를 뿐 아니라 실천하기 어려운 무리한 목표를 잡는다. 다이어트에 성공한 연예인이나 주변사람들을 바라보면 빠른 시간 안에 효과를 보고싶은 조급한 마음이

들기 때문이다.

얼마 전 한 고객과 상담한 이야기다.

출산 후, 체중이 원래의 상태로 되돌아가지 않은 산후비만분이었다. 너무 답답했던지 필자를 찾아와 속마음을 털어 놓았다.

"선생님, 항상 운동도 열심히 하고 식단일지도 꼬박꼬박 작성하는데 왜 체중이 줄지 않는 걸까요?"

고객은 눈물을 왈칵 쏟아내듯 울먹이며 말했다.

"고객님은 운동도 열심히 하고 식단일지도 열심히 작성하며 피드백을 받고 있으신데 체중은 고객님이 원하시는 만큼 감량되지 않아 속상하시죠?"

"산후 비만은 분만 후에 3개월 내에 체중을 열심히 관리하느냐 못했느냐에 따라 체형이 결정된다고 합니다."

"정상적으로 분만을 하셨다면 빠른 시일 내에 관리를 들어가셨어야 했습니다. 적절한 운동과 식생활만이 산후비만에서 예방할 수 있었던 비결이었습니다."

고객은 출산 후, 관리를 안했던 것에 후회를 했다.

"네, 그 당시 출산 후, 관리를 안 하면 산후비만으로 이어진다고 들었습니다. 산후 비만이 되면 다이어트가 힘들어진다는 말에 제 나름대로 열심히 노력은 했어요."

고객은 원망 섞인 목소리로 말을 계속 이어나갔다.

"다이어트에 대한 정확한 지식도 없이 전 무조건 굶는 다이어트로 시작했습니다. 하지만 출산 후, 영양불균형은 태아한테도 악영향을 끼칠 수 있다는 말에 1달 후에 그만두었습니다. 굶는 다이어트를 중단한 후, 아는 선배한데 원푸드다이어트를 소개받았지만 이 방법 역시 오래가지 못했습니다."

원푸드다이어트는 여성들이 선호하는 다이어트법이었다. 사실 고생없이 체중을 감량하고 싶어하는 것이 비만인들의 소망이다. 그러나 '세상에 공짜는 없다' 굶는 다이어트나 원푸드다이어트가 결국 다이어트에 실패할 수밖에 없는 이유를 아는가?

 그것은 몸속에 체지방이 제거되는 것이 아니라 근육과 수분만 감소되기 때문이다. 다이어트의 핵심은 몸속에 붙어있는 체지방을 없애는 것이다.

 체지방 제거는 식이요법 외에 운동과 병행해야 효과를 거둘 수 있다. 하지만 이러한 법칙을 무시한 채, 편하게 다이어트를 성공하겠다는 조급한 마음은 다이어트 실패라는 결과와 요요현상이라는 부메랑으로 나에게 되돌아온다.

 굶는 다이어트를 하면 할수록 근육량은 점점 감소된다. 감소된 근육량은 기초대사량까지 감소시키게 만든다. 우리가 생활하는데 필요한 최소한의 에너지인 기초대사량까지 감소된다는 것은 활동량을 더욱 줄이게 만들어 결국 살이 빠지기 어려운 체질로 변하게 만드는 악순환을 만든다.

 "원푸드 다이어트로 빠진 살은 체지방이 아니다. 간과 근육에는 비상 연료인 글리코겐이 저장되어 있다. 글리코겐은 에너지원으로 사용되고 남은 탄수화물을 당분 형태로 저장한 것이다. 글리코겐은 수분과 함께 근육 등에 저장된다.
 음식물 섭취가 줄어들면 우리 몸은 근육에 있는 글리코겐을 원료로 사용한다. 이때 근육에 들어있는 수분이 함께 빠져나가면서 체중이 눈에 띄게 줄어든다. 다이어트 초기에 급격히 줄어드는 체중 대부분은 근육에서 수분이 빠져나간 것이지 체지방이 빠진 게 아니다. 이후 굶는 다이어트를 지속하면 체지방과 함께 근육이 줄어든다. 체지방뿐만 아니라 근육의 단백질을 분해해 원료로 사용하기 시작하는 것이다. 이렇게 줄어든 근육은 요요현상의 가장 큰 원인이다. 우리 몸에서 가장 많은 에너지를 소비하는 곳이 근육인데, 절식으로 근육이 줄면서 기초대사량이 떨어지기 때문에 덜 먹는데도 살이 찌는 것이다. 기초대사량은 운동의 두 배가 넘는 열량을 소모하는 다이어트의 핵심 요소다."[31]

'이번에도 다이어트 실패했네.'
'오늘도 야식의 유혹에서 이겨내지 못했네.'

이와 같은 마음이 들면 다이어트를 더더욱 힘들게 만들어 좌절과 고통으로 안내할 것이다. 나도 다이어트를 성공할 수 있다는 성공의식과 다짐을 가로막을 것이다. 이제부터 나도 할 수 있다는 마음으로 다시 시작해보자.
꾸준한 운동실천과 생활식습관 개선으로 다시 시작해보자.
다이어트에 실패했더라도 괜찮다. 다시 시작하면 되는 것이다.

야식을 한 번에 금지시킨다는 것은 쉽지 않다. 평상시 먹던 식습관을 하루아침에 변화시킨다는 것은 많은 고통이 뒤따른다. 이럴 때 일수록 서서히 고쳐나가겠다는 마음가짐으로 다시 시작하는 거다.

강력해진 희망의 밧줄은 다이어트 실패라는 절망의 늪에서 허우적거리지 않도록 도와주는 희망의 불씨가 되어줄 것이다.

나이가 많든 적든 간에 사람은 '나이가 들어 늙는 게 아니라 희망을 잃어 늙는다.' 라고 하지 않던가?

희망이 있는 사람은 언제나 인생이 즐겁다고 말한다. 희망을 가지고 살아가는 사람들은 주위 사람들에게 즐거움을 주고 삶의 활력을 불러일으켜 준다. 희망을 듬뿍 가지고 다이어트에 열중해 보자.

희망을 품고 다이어트를 시작하다보면 체중이 서서히 감소되어 가고 있다는 것을 느끼게 될 것이다.

이거스틴이라는 세계적으로 유명한 신경생리학자가 운동의 효능에 관한 논문을 발표하였다.

"뇌졸중(중풍)으로 뇌의 한쪽이 망가져 신체 반대쪽 기능이 완전히 상실된 환자들에게 6개월간 수영을 시켰더니 놀랍게도 마비된 운동기능이 서서히 되살아났다. 망가지지 않은 부분에서 망가진 반대쪽 뇌가 담당했던 기능을 할 수 있는 능력이 새롭게 만들어졌기 때문이다.

그러나 이 환자의 망가진 뇌를 살린 이유는 따로 있었다. 그것은 놀랍게도 반드시 회복하고야 말겠다는 희망이 신체와 하나가 되어 잠재능력을 발휘했던 것이었다."[32]

한 사람은 장애물을 보면 미소를 짓고, 다른 사람은 장애물을 보면 절망을 한다.

한 사람은 집채만 한 파도가 밀려오면 능숙한 사공이 되라는 절호의 찬스라고 생각하고, 다른 사람은 집채만 한 파도가 밀려오면 재수가 없다고 한탄을 한다.

한 사람은 위기가 닥치면 절망하고, 다른 사람은 위기를 도약할 수 있는 '위대한 기회'라고 생각하고 마음속으로 희망의 끈을 단단히 묶는다.

다이어트를 실패했더라도 좋다. 나도 성공해서 균형잡힌 체형으로 건강하고 행복하게 지낼 수 있다는 희망을 놓지 않는다면 반드시 다이어트에 성공할 것이라 필자는 확신한다.

Pont!
- 원푸드다이어트나 굶는 다이어트가 결국 실패할 수밖에 없는 이유는 몸속에 체지방이 제거되는 것이 아니라 근육과 수분만 감소되기 때문이다.
- 체지방제거는 식이요법과 운동요법의 병행이다.

다이어트
변화공식

우리가 다이어트를 하는 이유는 결국 질병없이 건강하게 생활하기 위해서다.

'내 시작은 미약하나 끝은 창대하리라.' 라는 성경의 구절이 있듯이, 다이어트를 하겠다는 작은 생각들이 축적되면 될수록 자신의 몸은 건강한 몸으로 재탄생될 것이다.

생각이 바뀌면 행동이 바뀌고 행동이 바뀌면 습관이 바뀐다고 말했다. 식습관은 시간이 지날수록 자신의 몸을 건강하게 생활할 수 있게끔 도와주는 고마운 동반자가 될 수 있지만, 잘못된 식생활로 인한 습관은 자신을 중환자실로 인도하는 저승사자가 될 수 있다.

하루에 한 시간씩 남들보다 더 일찍 일어나는 습관을 가진다면 그 사람은 10년이 흘렀을 때 며칠을 더 살 수 있을까?

1년이면 365시간을 더 살고 10년이면 3,650시간을 더 사는 결과를 얻게 될 것이다. 똑같이 죽어도 152일을 더 사는 결과가 나오는 것이다. 만약 2시간씩 더 일찍 일어나는 습관을 가진다면 304일을 더 사는 것이다.

마찬가지로 다이어트를 위해 하루에 1시간씩 꾸준히 운동한다고 가정해보자. 10년 후엔 꾸준히 운동으로 다지며 자기관리를 한 사람과 그렇지 않은 사람과의 건강검진에서 결과치가 확연히 다르다는 것을 알 것이다.

필자는 다이어트수업을 마칠 때 "무이지천리면 부적규보." 라는 말을 인용한 후 수업을 끝낸다.

'한 걸음 한 걸음 쌓지 않으면 천리에 이르지 못한 것이다.'

즉, '아무리 멀어 보이더라도 천 리 길도 한 걸음 한 걸음을 정성 들여 걸어가다 보면 결국 목적지에 도달할 수 있다는 뜻이다.'

의 이 말을 다이어트에 맞추어 응용해본다.

'아무리 다이어트가 고통스럽고 힘들더라도 식생활개선과 꾸준한 운동으로 하루하루 열심히 실천하다보면 결국 성인병예방과 건강증진이라는 목적을 달성할 수 있다.'

미국 로키산맥의 4백년 된 거목이 어느 날 힘없이 쓰러졌는데 14번이나 되는 천둥과 벼락을 맞고도, 태풍에도 끄떡없이 수많은 세월을 견뎌낸 거목이 쓰러졌다고 한다. 그것은 다름아닌 오랜 시간동안 딱정벌레들의 끊임없는 공격에 의한 것이었다.

다이어트에도 반복이라는 습관을 제정비할 필요가 있다. 먼저 '다이어트 변화공식'을 짚고 넘어가야 할 필요가 있다.[33]

$$C = at^2$$

물리학 시간에 배운 공식을 응용해 본 '변화공식(변화 C)에 따르면, 우리가 지속적인 변화(변수 a)를 얼마나 지속하느냐 (시간 t)에 따라 급격하게 변화된다는 것이다.

$$변화 = C$$

지속적인 행동 = action

꾸준함 = time

지속적인 행동으로 포기하지 않고 꾸준히 하다보면 결국 변화가 된다는 사실을 물리학 공식을 통해 습관을 알아볼 수 있었다.

인기 개그맨이었던 최승경 씨는 91년 제1회 대학개그제에서 유재석 씨와 콤비를 이뤄 입상해 당당히 개그맨으로 방송에 데뷔했다. 뚱뚱한 체형과 익살스러운 표정은 시청자들에게 웃음과 함께 유행어를 만들어내기도 했다. 하지만 시간이 지나자 불규칙한 방송스케줄로 인한 식습관은 몸의 이상을 느끼게 만들었다. 과식과 야식은 물론 운동부족으로 인해 몸을 지탱할 수 없었을 만큼 몸은 힘들어했다. 얼마 전 비슷한 체형을 가진 동료 연예인이 과체중으로 인한 심근경색으로 쓰러진 소식을 듣게 되었다.

분장실 거울에 비쳐진 자신의 모습이 싫어진 최승경은 변화가 필요하다고 다짐했다. 불규칙한 식습관을 개선하고 꾸준히 운동하겠다고 다짐했다.
먼저 기름기 많은 치킨과 피자, 햄버거 등 포화지방산으로 이루어진 음식들을 멀리하고 녹황색 야채와 채소 및 과일위주와 불포화지방산 식단으로 바꾸어나갔다. 또한 방송스케줄 관계로 같은 시간대에 운동할 수 없었지만 자투리시간을 최대한 활용해서 줄넘기운동으로 몸을 다지기 시작했다.

이러한 작은 변화가 결국 최승경 씨의 몸무게를 적정체중으로 환골탈태시켜 버렸다. 과체중으로 인해 생긴 관절염과 허리통증도 말끔히 사라졌다.
최승경 씨는 인터뷰에서 이렇게 말했다.

"꾸준한 운동과 식습관을 개선하면 누구나 다이어트에 성공할 수 있습니다. 전 여기에 만족하지 않습니다. 건강을 위해 꾸준히 운동을 할 것입니다."[34]

최승경 씨의 다이어트변화 공식이다.

변화 C = 42Kg 감량
- **지속적인 행동** action = 기름기 음식을 멀리하고 칼로리가 적은 식단위주의 섭취와 자투리 시간을 활용해 운동을 꾸준히 함
- **꾸준함** time = 적정체중이 될 때까지 2년간 계속됨

작심삼일도 꾸준히 하면 습관이 된다. 1%의 변화가 별것 아닌 것처럼 생각하는 사람들이 많다. 며칠 못가고 그만두게 되거나 힘들어 포기하는 사람들을 우리 주위에서 많이 봐 왔을 것이다.

무엇이든 어떠한 변화를 끌어내기 위해서는 적절한 자극이 필요하다. 운동을 통해 근육의 양을 증대시키고자 할 때도 자극이 필요하다. 몸은 자극을 받았을 때 자극으로부터 대항하기 위해 격렬한 반응을 일으키게 된다. 이러한 반응이 계속되면 어느 순간 우리의 몸은 그 자극에 적응하게 된다는 사실을 느끼게 된다.

그러나 다이어트를 성공적으로 이끌어내기 위해서는 꾸준함이라는 전제조건이 필요하다. '작심삼일'은 우리가 새로운 것을 받아들이고 적응하기까지는 시간이 너무 부족하다. 즉, 아무리 좋은 계획도 사흘 만에 성공하는 것은 불가능하다.

그러면 다이어트에 성공한 사람들은 '작심삼일'을 경험하지 못했단 말인가?
그렇지 않다는 것이다. 운동과 식단관리를 바탕으로 다이어트에 성공했던 사람들도 작심삼일의 마법에 시달렸었다. 그들은 우리와 조금 다르게 생각했을 뿐이다. 그들은 작심삼일을 '한 번 결심하면 사흘은 간다'라고 생각했고, 체중계의 바늘이 움직이지 않더라도 포기하지 않고 다시 도전하고 시도했다는 것이다.

1인기업가인 백기락의 저서 〈석세스플래닝〉에 이런 대목이 나온다.

"심리학에서는 사람이 21일을 반복해서 실천하면 습관이 된다. 즉, 작심삼일을 7번만 하면 아주 쉽게 습관으로 만들 수 있다고 한다."[35]

우리에게 필요한 것은 한 번 결심해서 절대 실패하지 않는 것이 아니라, 한 번 실패하더라도 포기하지 않고 다시 도전하는 '도전정신'이다. 도전을 얼마나 지속적으로 계속 할 수 있느냐의 여부가 다이어트를 성공적으로 마칠 수 있는 지름길이다.

다이어트를 반드시 성공하겠다는 목표를 잊지 말아야 한다. 목표는 작은 것부터 하나하나 실천해 나가는 것이다. 그리고 절대로 멈추지 말고, 중도에 포기하지 말아야 한다.

다이어트의 법칙은 정말로 단순하다.

식습관개선과 꾸준한 운동을 병행하면 체중은 반드시 감량될 수밖에 없다는 진리를 잊지 말자. '위대한 변화'는 정말 사소한 것에서부터 시작된다는 사실을 기억하자.

> **Point!**
>
> $C=at^2$
>
> 변화 = C, 지속적인 행동 = action, 꾸준함 = time
>
> - 지속적인 행동으로 포기하지 않고 꾸준히 하다보면 결국 변화가 일어난다.
> - 심리학에서 사람은 21일을 반복하고 실천하면 습관이 된다고 한다.

다이어트는 아름답다

필자의 다이어트샵에서는 매월 다이어트챔피언 시상식을 가진다. 참가자들 중 체지방 감량폭이 가장 큰 사람에게 트로피와 상금을 주는 이벤트를 가진다. 참가자들에게 동기부여를 제시해주고 운동의 활력을 불어넣어주는데 있어 긍정적인 효과가 있다.

마지막 날, 최종 다이어트 감량 우승자를 선정하는 날이었다. 필자는 인바디를 통해 고객 한 사람 한 사람의 체지방측정표를 근거로 발표했다.

필자는 다이어트 우승자에게 다이어트의 성공요인을 물었다.

"고객님, 한 달간 진득하게 열심히 하시더니 결국 우승하게 되었네요.

한 달간 7kg이상 감량하셨는데 비결이 있으시면 말씀해주세요."

고객은 필자의 질문에 머쓱해하면서 곧 답변을 했다.

"먼저 동료분도 열심히 운동하셨는데 제가 이렇게 큰 상을 받게 되어 죄송스럽기만 합니다. 제가 한 달에 7kg을 감량할 수 있었던 것은 다이어트샵에서 운동도 열심히 했지만 제 생활습관의 문제점을 찾아내어 바꿨기 때문에 가능했던 것 같습니다. 예전에는 애들이 좋아하던 과자를 매일 3봉지 이상을 먹었거든요. 봉지커피는 매일 7잔씩 마셨고요. 하지만 다이어트를 본격적으로 시작하고 나서 과자나 커피가 다이어트의 적이라는 말씀을 듣고 다음날부터 지금까지 입에 대지 않고 있습니다. 처음에는 달달한 커피가 그리웠지만 지방분해를 방해한다는 말씀에 인스턴트의 유혹에서 이겼기 때문에 다이어트에 성공하지 않았나 하는 생각이 듭니다."

운동하기 귀찮고 음식의 유혹에서 이겨내기 힘겨워하는 사람들이 있다. 그 이유는 다음과 같다.

- 운동으로 살을 빼기보다 먹는 것으로 살을 빼고 싶다.
- 먹고 싶은 거 먹으면서 살을 뺄 수 있다는 정보에 귀가 솔깃

해 그 방법대로 따라한다.

다이어트를 성공하기 위해선 칼로리 섭취량을 제한해나가는 지혜가 필요하다. 성인의 경우 일일섭취량은 평균 2,500kcal이다. 과체중으로 살아가고 있는 사람들은 한국인의 일일 섭취량의 칼로리 한도를 초과하는 칼로리로 섭취하는 경향이 뚜렷하다.

야식과 폭식도 원인중의 하나이다. 다이어트를 성공하기 위해서는 한국인의 일일섭취량보다 적은 칼로리를 섭취해야 한다. 그렇다고 한 끼는 굶고 두 끼로 생활한다던지 혹은 한 끼만으로 하루를 생활해야겠다는 어리석은 계획은 하지 말자.

만약 그렇게 한다면 분명 과식으로 이어질 수 있고 신체활동 부족으로 기초대사량 감소와 함께 요요현상으로 이어질 수 있으니 조심하기 바란다.

자신이 좋아하는 음식들을 아침 점심 저녁 세 끼를 꼬박꼬박 먹되 섭취칼로리량을 400kcal내외로 섭취하기 바란다. 한 끼에 400kcal라도 포만감을 주고 칼리리가 낮으며 영양소가 풍부한 식품들을 섭취하면 된다. 그러면 건강에 해가 되지 않을뿐더러 요요현상도 생기지 않을 것이다.

미국 코넬대학교 원싱크 박사는 음식이 돋보이면 섭취량이 감소된다고 주장했다. 음식과 접시 색깔이 다르면 섭취량을 줄일 수 있다고 했다.

"미국 코넬대학 식품브랜드연구소의 브라이언 원싱크박사는 음식을 그 음식이 지닌 색과 대조적인 색의 그릇에 담으면 음식의 색과 구분이 안 되는 색의 그릇에 담았을 때보다 그 음식을 20%정도 덜 먹게 된다고 했다.
그의 연구팀은 두 쪽에다 뷔페테이블을 차려놓고 한 테이블에는 토마토소스를 토핑한 파스타를, 다른 테이블에는 크림소스를 덮은 파스타를 올려놓았다. 그리고 60명의 실험 참가자들에게 흰 접시 또는 빨강색 접시를 주고 이 두 테이블 중 한 곳으로 안내했다. 그 결과 파스타를 토핑과 대조적인 색의 접시에 담은 사람이 토핑과 같은 색의 접시에 담은 사람보다 17~22% 덜 담은 것으로 나타났다. 이들은 접시에 담은 파스타를 약 92% 먹었다.
이는 음식의 색이 그릇의 색과 너무 대조적이어서 음식이 돋보이면서 음식의 양을 '의식' 하게 됐기 때문이라고 원싱크박사는 설명했다.
연구팀은 앞서 음식을 큰 그릇에 담으면 작은 그릇에 담는 것보다 약 22% 덜 먹게 된다는 사실도 실험을 통해 알아냈다."[36]

체중이 생각처럼 쉽지 않는다고 조급한 마음으로 원푸드다이어트나 검증되지 않는 다이어트식품을 섭취하는 사람들이 있다. 하지만 명심해라. 세상의 어떤 일도 자동화된 기계로 찍어내듯이 뚝딱 이루어지지 않는다는 사실이다.

느긋한 마음가짐으로 다이어트 정석대로 실천하자. 자신이 평소에 해보고 싶어했던 운동종목이 있다면 선택해서 꾸준히 운동하자.

어떤 운동이라도 좋다.

하루에 30분 이상 꾸준히 운동할 수 있는 종목이라면 무조건 추천한다. 또한 기름기가 많은 고칼로리 음식들을 지양하고 포만감을 주고 칼로리가 낮은 식품들을 마음껏 섭취하자. 꾸준한 운동과 고칼로리 섭취 제한은 다이어트성공의 지름길이다.

한 보건소에서 주부다이어트 일일특강으로 수업에 참여했었던 이야기이다.

보건소 운동처방사는 주부들을 대상으로 다이어트를 실시하고 있던 필자의 성공사례를 지역주민들에게 알리고자 필자를 초빙했다. 200명의 좌석을 꽉 채운 청중들의 표정엔 다이어트의 절실함이 느껴졌다.

필자는 강의를 본격적으로 하기에 앞서 준비해 온 도구로 실험을 했다. 청중들은 처음엔 웅성거리더니 곧, 필자가 들고 있는 실험도구를 유심히 쳐다보았다.

 필자는 주부가 아닌 여대생들에게 강의하듯 눈금 읽는 방법과 사용법들을 상세히 설명했다. 또 알코올램프의 역사 및 만들어진 원리와 사용법, 그밖에 각종 실험 기구의 쓰임새와 다루는 방법 등을 자세히 설명했다.

 설명이 끝나자 필자는 강단에 우유병 하나와 실험도구를 나란히 올려놓았다. 주부들은 초등학생들도 익히 알고 있는 내용을 일일이 설명하는 필자의 모습에 재미없다는 듯 표정이 일그러져 있었다.
 곧 필자는 우유병에 든 우유를 창밖 주차장에 쏟아버렸다. 그리고 청중들에게 말했다.

 "여러분 중에 엎질러진 우유를 처음상태로 되돌릴 수 있는 분이 있으면 손을 번쩍 들어 보시기 바랍니다."

 청중들은 서로 얼굴을 쳐다볼 뿐 아무 말도 하지 못했다.

"여러분들이 아무리 운동을 열심히 해도, 운동을 지속하지 않는다면, 먹고 싶은 거 다 먹어가며 다이어트를 하겠다면, 엎질러진 우유를 처음의 상태로 되돌릴 수 없는 것처럼 여러분들의 체형은 예전으로 되돌릴 수 없습니다."

"여러분들이 지금 생각해야 하는 것은 흘러간 시간을 되돌릴 수 없다는 것입니다. 또한 과체중 때문에 괴로워하거나 좌절해서도 안 된다는 사실입니다. 그저 긍정적으로 받아들이고 꾸준한 운동과 식습관개선으로 열심히 실천하기만 하면 됩니다.
다이어트 실패도 마찬가지입니다.
과거의 잘못된 다이어트 부작용으로 인해 생긴 마음고생들은 영원히 떨쳐버리세요. 그저 하루하루 즐거운 마음가짐으로 다가올 희망찬 미래를 행복하게 보내려는 지혜가 필요하지 않나 생각됩니다."

다이어트를 실패했다고 자신을 한탄하며 후회하는 것만큼 어리석은 것도 없다. 우리는 다이어트 실패에 대한 후회와 좌절, 슬픔에서 허우적거리고 지내는 것보단 빨리 떨쳐버리고 활기찬 마음가짐으로 올바른 다이어트를 다시 시작하는 것이 현명한 자세이다.

세상에서 가장 소중한 보물중의 하나가 건강이다.

우리는 건강을 생각하며 꾸준한 관리를 게을리 해서는 안 된다. 지나간 부작용으로 인해 괴로운 나날을 보내기에는 우리의 인생이 너무 짧다. 다이어트를 매번 실패했다면 깨끗이 잊어라. 다시 시작하는 것이다.

꾸준한 운동과 식습관 조절, 마지막으로 긍정적이고 활기찬 마음가짐으로 어우러진 다이어트의 3가지 원칙을 잊지 않는다면 다이어트는 누구나 성공할 수밖에 없다는 것을 깨닫게 될 것이다.

> **Point!**
> - 다이어트를 성공하기 위해서는 칼로리 섭취량을 제한하는 지혜가 필요하다.
> - 세끼를 꼬박꼬박 먹되 섭취 칼로리량을 400Kcal 내외로 섭취한다.
> - 한 끼에 400Kcal라도 포만감을 주고 칼로리가 낮으며 영양소가 풍부한 식품들을 섭취한다.
> - 원푸드다이어트나 검증되지 않은 다이어트식품들은 요요현상을 일으킨다.

실패하지 않을 수 있는
유일한 길

찰스 F. 키틀링이 말했다.

"처음부터 잘되는 일은 아무것도 없다. 실패, 또 실패, 반복되는 실패는 성공으로 가는 길의 이정표다. 당신이 실패하지 않을 수 있는 유일한 길은 당신이 아무런 시도도 하지 않는 것이다. 사람들은 실패하면서 성공을 향해 나간다."[37]

실패를 어떻게 바라보는가 하는 관점의 차이가 더 큰 성공 여부를 가른다는 생각이 든다. 다이어트를 실패한 경험을 가진 사람들은 실패도 하나의 과정이라는 관점으로 바라보았다. 이유는 실패야 말로 성공으로 가는 이정표이기 때문이다.

아내에게 다이어트정보를 들려주면서 약간의 노하우를 알려주었다. 노하우란 꾸준한 운동과 절제된 칼로리 섭취가 지켜지지 않으면 요요현상 등 부작용만 초래해, 결국 다이어트를 실패할 수밖에 없다는 말을 전해주었다.

"여보, 직장에서만 다이어트를 하지 말고, 집에서도 할 수 있도록 노력해봐. 저녁에 출출하다고 야식만 먹지 말고, 그러면 결국 체지방으로 쌓일 수밖에 없어. 다이어트를 실패했다고 아우성하지 말고 집에서도 식단관리를 잘 지킬 수 있도록 노력 좀 해봐."

그러면 아내는 평소에 야식을 먹던 습관이 있어 지키기 힘들다고 푸념했다. 회사에서 받은 스트레스를 집에서 음식으로 해결하려는 아내를 보면 답답하고 안쓰럽다.
아내의 식습관을 고치고 그동안의 다이어트라는 굴레에서 벗어날 기회라도 엿볼 수 있지 않을까 싶어 노하우를 들려줬더니 이런 대답이 돌아왔다.

"당신이나 노력하세요."
"저녁에 술이나 마시지 말고."

아직 우리 집의 다이어트실패는 계속 개선중이다.

서점 구석모퉁이에 한 도서가 꽂혀 있었다. 이충현 의학전문기자가 지은 〈체중계는 잊어라. 이제 라인이다〉라는 도서를 꺼내들었다. 제목이 독특했고 의학전문기자가 쓴 도서라 궁금했다. '12주 다이어트프로그램으로 체지방만 쏙 빼는 진짜 다이어트가 시작된다' 라는 문구는 필자가 평소에 강조하고 있던 거라서 꼭 읽어봐야겠다고 생각했다.

근력운동을 통해 체지방만 12kg을 감량했던 저자는 체형이 완전히 바뀌는 변화를 실감한 후 다이어트 책을 집필해 사람들에게 올바른 정보를 제공하고 실패하지 않는 다이어트법을 전달하고 싶어했다. 의과대학을 졸업한 최초의 의학전문기자로 정확한 의학정보 및 다이어트 비법중 '다이어트를 실패하지 않는 유일한 길' 이란 이렇게 조언했다.

"필자는 근력운동을 중심으로 유산소운동을 병행해 10개월 만에 12kg을 감량했다. 마치 수술로 온몸에서 체지방만 들어낸 것처럼 근육은 그대로인 채 체지방만 12kg이 줄었다. 오랜만에 만난 사람들이 전혀 몰라볼 정도로 체형이 바뀌었다. 옷 사이즈가 두 치수나 줄었다. 몸에 맞는 옷이 하나도 없어 돈이 좀 들지만, 행복한 고민일 따름이다. 더 중요한 것은 살이 찌지 않는 체질로 바뀌었다는 사실이다.

세 끼 잘 먹고 일주일이면 세 번 이상 저녁 술자리를 갖는데도 전혀 살이 찌지 않는다. 몸무게에는 아예 신경을 쓰지 않는다. 체중계에 올라가 본 게 언제인지 기억이 안 날 정도다. 옷이 끼지 않고 몸매에 변화가 없기 때문이다."[38]

다이어트를 실패하지 않기 위해서는 몸속에 자리잡고 있는 체지방을 없애는 것이 중요하다. 눈코 뜰 새 없이 바쁜 일상에서도 다이어트 감량원리를 알고 있다면 누구나 실패하지 않고 다이어트를 성공시킬 수 있다.

앞의 구절처럼 근력운동과 유산소운동을 병행하며 꾸준히 운동해보자. 그리고 야식과 폭식을 금하고 칼로리가 낮은 음식들로 대체하자. 허기진 배는 GL(당지수)이 낮은 과일들로 보충시키자. 그러면 당신의 허리사이즈는 점점 슬림해져간다는 것을 느낄 것이다.

대한비만학회의 비만관리 지침서에 〈다이어트에 대한 잘못된 상식〉이라는 정보가 있어 소개하고자 한다.[39]

하나, 샐러드와 과일만 먹으면 확실히 살이 빠진다.

많은 여성분들 중 토끼처럼 채소만 섭취해가며 다이어트를 하는 분들이 있다. 살이 빠지기는커녕 몸이 붓게 될 위험이 있다. 왜냐하면 생야채의 섬유질은 흡수가 어려우며 과당이나 장을 팽창시키는 요인이기 때문이다. 뿐만 아니라 이런 반복된 식사는 영양의 결핍되어 결국 신체조직을 손상시킨다.

둘, 밤에 먹는 것은 모두 지방으로 변한다.

인체는 휴식을 모른다. 특히 간과 같은 장기는 영양물로 변화시키고 효소를 만드는 등 기초대사를 유지하기 위해 낮이건 밤이건 끊임없이 칼로리를 연소시킨다.

셋, 살을 빼려면 하루에 2L의 물을 마셔야 한다.

물을 많이 마시는 것과 살을 빼는 것은 별개의 문제이다. 지방은 소변이나 땀으로 배출되는 물질이 아니기 때문이다. 물론 다이어트 중의 인체는 여러 독소를 몸 밖으로 배출하기 때문에 물을 많이 마시면 독소 배출에 도움이 될 수 있다. 하지만 체중을 감량시키기 위해서는 유산소운동을 통한 규칙적인 운동습관만이 지방질을 태워 결국 다이어트에 성공할 수 있게 된다.

'구슬이 서 말이라도 꿰어야 보배' 라는 말이 있듯이, 어디서나 쉽게 운동을 할 수 있는 환경에 살고 있으면서도 게을러서, 귀찮아서 움직이지 않는다면 그것은 부모에 대한 도리가 아니며 반려자에 대한 예의가 아니다.

다이어트의 체중감량의 기준은 없다. 5kg을 감량했다고 성공한 것도 아니요, 2kg을 감량을 못했다고 실패한 것도 아니다. 자신의 현재 체중에서 적정체중으로 돌아갔느냐가 중요하다.

살찌고 운동 안하고…… 성인병의 50% 이상을 차지하고 있는 연령층이 40대이다. 40대는 건강관리가 선택사항이 아니라 반드시 해야 하는 필수사항이다.

지금 회사 내 구조조정대상자 명단에 자신의 이름이 올라있다고 가정할 때, 혹은 명예퇴직을 당했을 때, 새로운 일을 시작하고 도전하기 위해서라도 건강관리에 신경써야 한다. 몸이 건강해야 다시 시작하고자 하는 분야에 전력투고할 수 있는 열정이 생긴다.

'인생은 길어졌고, 노후자금은 점점 바닥나고 있다.'

인생의 전반기인 40대 이전에 건강에 신경을 못 썼더라도, 다이어트에 절실함을 느끼지 못했더라도, 다이어트에 매번 실패했어도, 다시 도전하고 시작하면, 제2의 인생을 정열적으로 살아갈 수 있는 에너지가 생긴다.

40대 이후 건강관리에 신경쓴 사람과 하지 않은 사람의 노후는 하늘과 땅 차이이다.

> Point!
> - 다이어트를 실패하지 않기 위해서는 몸속에 자리잡고 있는 체지방을 없애야 한다.
> - 근력운동과 유산소운동을 병행하고 야식과 폭식을 금하며 칼로리가 낮은 음식을 섭취하는 것이 중요하다.

일곱 번째
생각

우리 몸을
지켜주는
식습관

잘 씹는 것이
보약이다

외국인들이 가장 먼저 배우는 우리말 중 하나가 '빨리빨리' 라고 한다. 우리는 '빨리빨리'를 통해 빠른 경제성장을 이룬 반면 잃은 것도 많다. 그 중 하나가 식사문화다. 한 연구조사에 의하면 1,000여 명의 직장인 중 무려 70% 이상이 15분 이내에 식사를 마치는 것으로 조사되었다. 그렇다면 빠른 식사습관은 건강에 어떤 영향을 미치게 하는 걸까?

씹는 것이 소화기능에 미치는 가장 중요한 요인은 바로 '침'이다.
성인은 하루에 페트병 하나 분량(1.5L)의 침을 분비한다고 한다. 침은 입안에 부드럽게 하여 음식물을 씹고 삼키게 하며 목소리를 낼 수 있게 할 뿐만 아니라 치아와 구강점막의 미생물과 음식 찌꺼기를 기계적으로 세척해준다. 또 항암기능을 한다는 보고도 있다. 씹는 것 자체의 '기계적 소화'와 함께 침에서 분비되는 아밀라아제를 통한 '화학적 소화'를 거치면서 위의 부담을 줄여준다.

실제로 음식물을 씹는 시간이 길수록 위배출시간이 식도로 역류하여 식도에 염증과 궤양을 유발하는 질환으로, 신물이 넘어오거나 가슴에 통증을 유발한다. 이를 방치할 경우 식도암으로까지 발전될 수도 있다.

비만과도 밀접한 관계가 있다.

식사를 하면 혈당이 올라가게 되고 그러면서 포만중추를 자극하여 배부름을 느껴 식사를 그만하게 된다. 그 시간은 사람들마다 다르지만 보통 20분정도이다. 따라서 식사를 20분 이내에 끝내면 포만중추에 배부름을 전달하고 느낄 여유가 없어져서 식사를 많이 하게 된다.

소화기능에도 밀접한 관련이 있다.

단백질을 과다섭취하게 되면 세로토닌이 부족한 현상이 발생하는데 이는 우울증을 유발하며 우울증은 자살과 폭력적 성향을 갖도록 만든다. 또한 지방질 100g이 혈관 속에 들어가게 되면 혈관의 70km에 해당하는 부분이 일종의 교통체증에 걸리게 된다.

곡채식자의 음식물 대변 통과시간은 약 30시간인 반면, 육식자의 음식물 대변 통과시간은 그 두 배 이상인 72시간이 걸리는 것으로 보고되고 있다. 초식을 하는 동물의 장 길이는 허리의 25배인 반면 육식을 하는 동물의 장 길이는 허리의 5배 내지 6배인 것으로 나타났다. 대대로 곡채식을 한 서양인보다 장의 길이가 30% 정도 더 길어서 육식을 하게 되면 대변이 장을 통과하는 시간도 두 배 이상 길어지게 된다. 그러므로 똑같은 고기를 먹어도 대변 통과 시간이 길어 고기가 썩으면서 내뿜는 각종 유해가스가 혈관을 타고 번지게 되어 각종 질병의 원인을 만들게 만든다.[40]

제대로 씹는 방법

1. 식사시간은 최소 20분 이상이 되도록 한다.

식사도중 이야기를 많이 하고 중간에 수저를 내린 후 음식물을 씹는 게 좋다.

2. 한 번에 20번 이상 씹는다.

이렇게 하면 과식을 피하고 비타민 등 필수영양소가 충분히 섭취돼 중추신경계가 식사량의 부족함을 느끼지 않아 과식을 피할 수 있다. 제대로, 잘 씹는 것이 보약이다.[41]

올바른 식생활에 도움이 되는 과일 [42]

"하루에 5회 이상 과일을 드세요!"

미국 암학회가 발표한 암 예방 십계명 중 하나다. 이는 과일에 풍부하게 들어있는 비타민과 미네랄, 그리고 파이토케미컬을 두고 하는 말로 파이토케미컬은 세포의 노화를 방지하는 강력한 항산화제로 최근 활발하게 연구되고 있는 생리활성 물질이다. 흥미로운 것은 파이토케미컬이 과일의 색깔에 집중해 있다는 것이다. 무지개 색으로 먹으라는 말은 여기서 유래했다.

빨간색 과일

피를 연상하게 하는 붉은색은 건강과 에너지의 상징이다.

과일의 빨간색은 우리 몸 안에서 '유해산소를 제거하는 청소부'로 불린다. 토마토의 붉은색을 결정하는 라이코펜은 뛰어난 항산화력으로 암을 예방하는 탁월한 효능을 보인다. 하버드 의대 에드워드 지오바누치 박사는 4만8천명의 남성을 조사한 결과 일주일에 토마토(토마토 소스, 주스포함)를 10회 이상 먹은 남성은 먹지 않은 사람에 배해 전립선 암 위험이 35%나 줄었다고 발표했다. 딸기와 붉은 과일 껍질에 집중적으로 몰려있는 안토시아닌 역시 강력한 항산화물질이다. 시력 향상과 당뇨병 조절에 도움을 주고 혈액순환을 증진시킨다.

노란색 과일

대표적인 과일인 오렌지에는 플라보노이드가 풍부하다.

플라보노이드 유해산소의 활동을 차단하는 뛰어난 항산화 물질. 이 중 헤스페레딘이라 불리는 영양소는 귤이나 레몬, 라임 등 비타민C가 풍부한 과일에 많다. 미국의 한 연구서는 매일 한 컵의 오렌지 주스를 마시는 남성과 여성 간호사들은 25%까지 심장발작의 위험을 줄일 수 있다고 보고했다. 이는 헤스페테롤은 증가시키는 반면 나쁜 콜레스테롤은 낮추기 때문이다.

녹색 과일

기본적인 영양소는 야채를 통해서 얻을 수 있지만 초록색 과일은 독특하고 질 좋은 영양소이다. 키위는 비타민과 미네랄의 왕이면서 파이토케미컬도 풍부하다. 키위 한 개에 들어있는 비타민C는 하루 권장량의 두 배가 넘는다.

비타민 B군인 엽산은 일일 권장량의 17%, 비타민 E는 10%, 칼륨과 칼슘은 각각 10%, 6%나 된다. 과일의 영양성분을 분석하여 1백g중 함유된 영양소를 D.V(Daile Value)로 표시한다. D.V는 인체가 필요로 하는 1일 영양소에 대한 과일의 기여도로써 골드키위가 20%로 1위, 그린키위 12.8%, 딸기 12%, 오렌지11%로 나타났다.

보라색 과일

대표적인 보라색 과일에는 포도와 블루베리가 있다. 포도는 이미 적포도주의 심장병 예방효과로 널리 알려져 있다. 껍질에 들어있는 플라보노이드가 동물성 지방섭취로 증가하는 노폐물이 혈관벽에 침착하는 것을 막고 좋은 콜레스테롤 수준을 높여준다. 특히 유해산소에 의한 유전자 손상을 감소시키는 항암 작용도 한다.

선별 방법

1. 선명한 색깔을 고른다

색깔이 진할수록 파이토케미컬이 듬뿍 들어있다.

2. 가능하면 다양한 색깔의 과일을 고루 섭취하자.

색깔에 따라 서로 다른 항산화 효과를 얻을 수 있기 때문이다.

3. 밭에서 숙성한 것을 먹는다.

토마토의 파란 것을 따서 익힌 것은 라이코펜이 훨씬 떨어진다.

4. 사과나 포도와 같이 껍질에 색소가 많은 과일은 통째로 먹는 것이 좋다.

각종 질병을
막아주는 식품들 [43]

유방암을 예방시켜주는 붉은 사과

사과에는 비타민C, 섬유질이 많이 함유되어 있고 폴리페놀성분은 성인병을 예방한다. 또 붉은색 껍질 속에 든 캠페롤과 케르세틴 성분은 유방암 세포에 영양을 공급하는 혈관의 단백질 성분을 차단해 암이 더 자라지 못하도록 하는 역할을 한다.

폐를 보호하는 물질도 들어 있어 흡연자들에게는 필수적인 음식이라는 사실이 최근 영국, 네덜란드 등에서 발표됐다. 섬유질이 풍부해 여성들의 단골 고민인 변비를 해소하는데도 탁월한 효과가 있다.

호흡기 면역을 키워주는 고추

고추에는 비타민C가 풍부하다. 매운 맛을 내는 성분인 캡사이신은 신진대사를 증진시키고 다이어트에도 좋다. 또 체지방을 줄이는 효과가 있으며 비만 예방과 치료에 도움이 된다. 연세대 생화학과 권영근 교수는 고추에 다량 들어있는 캡사이신 성분이 새로운 혈관 생성을 억제해 암을 예방하고 전이를 억제한다고 말했다. 고추에 함유된 또 다른 성분인 베타카로틴은 호흡기 계통의 감염 저항력을 높이고 면역력을 증진시켜 질병의 회복을 빠르게 한다. 비타민C 함량도 귤보다 2~3배나 높다. 특히 여름철에 된장에 찍어 먹는 풋고추는 그야말로 영양의 집합소이다.

나쁜 지방질을 깨끗하게 하는 수박씨

수박에는 소변을 잘 볼 수 있도록 돕는 아미노산의 일종인 시트룰린이 많이 함유되어 있다. 그래서 신장 기능이 떨어지거나 몸이 자주 붓는 사람들에게 적격이다. 암 발생을 억제하며 동맥 속에 미물질이 쌓이는 것도 방지한다. 또 수박씨는 콜레스테롤이나 나쁜 지방질을 깨끗하게 해주는 작용을 하므로 뱉지 말고 함께 먹으면 도움이 된다. 수박의 빨간색을 내는 라이코펜 색소는 체내의 유해 활성산소를 제거하고 항암작용을 한다. 수박 속의 라이코펜

함량은 토마토나 적포도주보다 3~6배나 많다.

뇌기능을 향상시키는 고등어

고등어에는 단백질, 지방, 칼슘, 인, 나트륨, 칼륨, 비타민A · B · D 등의 영양소가 풍부하다. 또 생선에만 들어있는 특수 영양소인 EPA와 DHA가 많이 함유되어 있다. 이 두 지방산은 콜레스테롤 대사를 원활하게 해 줌으로써 혈액순환과 함께 심장과 혈관의 근육수축을 조절하고 우리 몸의 정상적인 혈압을 유지하도록 돕는다.

DHA는 뇌의 발달과 활동을 촉진시켜 기억과 학습능력을 향상시킨다. 따라서 뇌 기능이 떨어지는 노년기에 중요하다. EPA와 DHA는 모두 혈중 콜레스테롤 수치를 크게 줄여 고혈압, 동맥경화증 등 생활습관병과 뇌의 활동을 활발하게 함으로써 노인성 치매(알츠하이머병) 등을 예방하는데 좋다.

치매 예방하는 달걀노른자

달걀은 지구상에 존재하는 가장 완벽한 단백질이라는 찬사를 받고 있다. 달걀이 콜레스테롤 수치를 높이는 것으로 알려져 있지만 최근 연구에 따르면 흰 자위만 먹으면 오히려 콜레스테롤 흡수가 감소된다.

노른자는 치매예방과 더불어 어린이 두뇌 발달에 꼭 필요한 레시틴 성분이 들어 있다. 따라서 고지혈증이나 당뇨병 환자를 제외하고는 하루에 한 개정도 먹으면 좋다. 눈병을 예방하는 성분도 들어있다. 흔히 소화가 안 된다는 이유로 삶은 달걀 먹기를 꺼리는 사람들이 있지만 달걀은 어떻게 요리하든 거의 소화가 되는 식품이다.

노화와 비만 예방하는 현미

쌀겨층과 씨눈에는 동맥경화를 예방하고 노화방지에 효과가 있는 식물성기름과 리놀레산, 비타민이 풍부하다. 또 현미밥은 꼭꼭 씹어서 오래 먹어야 하기 때문에 식사 시간이 길어지고 저절로 소식을 하게 돼 비만을 예방하는 효과가 있다. 백미는 도정하는 과정에서 씨눈이 떨어져 나가 비타민과 미네랄 함량이 5%에 불과하다.

반면 현미의 경우 씨눈과 쌀겨가 벗겨지지 않기 때문에 비타민 B1과 B2, 단백질, 지방, 무기질, 식물성 섬유 등 거의 모든 영양소를 풍부하게 함유하고 있다. 성인병 예방에 좋은 비타민B1은 대사작용에 관여해 피로회복에 도움이 된다. 또 현미의 쌀겨층에 들어있는 식물성 섬유는 장의 연동운동을 도와 변비를 해소한다.

심장병을 막아주는 땅콩

땅콩에는 인슐린을 안정시키고 심장병을 막아주는 성분이 있다. 섬유질이 함유되어 혈압 조절작용도 한다. 땅콩, 호두, 잣 등 견과류에 든 리놀렌산 등의 고도 불포화 지방산은 혈관벽에 붙여 동맥경화증을 일으키는 나쁜 콜레스테롤의 수치를 낮춘다.

견과류에 들어있는 엘라직산은 암의 진행을 방해한다. 일주일에 2~4회 이상 먹어야 효과가 있으며 땅콩알로는 25알 정도가 적당하다. 그러나 땅콩에 곰팡이가 슬게 되면 간암을 유발하는 아프라톡신 물질이 생성되기 때문에 절대 먹으면 안 된다.

각 주

1) 성공회주교의 묘비
2) 어니J. 젤린스키 〈느리게 사는 즐거움〉 새론북스. 2008
3) 강창희 〈당신의 노후는 당신의 부모와 다르다〉 쌤앤파커스. 2013
4) 포커스신문 2013년 2월 7일자
5) 동아일보 2008년 8월 14일자
6) 동아일보 2013년 2월 7일자
7,8) 중앙일보 2009년 1월 3일자
9) 이경애 〈나를 바꾸는 성공전략〉 조인북스. 2008
10) 김상철 〈위로받고 싶은 마흔, 벼랑 끝에 꿈을 세워라〉 북포스, 2013. P159쪽
11) 탁낫한 〈화〉 명진출판, 2002
12) 한국태권도문화연구원 월간자료집 2006-8호
13) 포커스신문 2012년 7월 17일
14) 스포츠서울 2013년 5월 15일
15) 포커스신문 2012년 6월 18일
16) 한국걷기운동본부 홈페이지
17) 강병헌 〈다이어트다이어리〉 아름다운사회, 2005
18) 문화일보 2009년 3월 21일자
19) 국민일보 2010년 4월 8일자
20) 샤샤킴 알롱제 웰리스
21) 2012년 '영양의 날' 홍보캠페인 자료

22) 매일경제
23) 동아일보 2005년 10월 24일자
24) 다음블로그 http://blog.daum.net/tmkor
25) 대한걷기연맹 홈페이지
26) 메트로신문 2012년 4월 16일자
27) 포커스신문 2012년 4월 20일자
28) 강재헌교수
29) 포커스신문 2012년 10월 17일자
30) 김종성교수(서울아산병원)
31) 이충헌, 박형일 〈체중계는 잊어라. 이제 라인이다〉 해피스토리 2012, P25~26쪽
32) 이거스틴
33) 백기락 〈석세스플래닝〉 한스미디어, 2004
34) 최승경
35) 백기락 〈석세스플래닝〉 한스미디어, 2004
36) 포커스신문 2012년 6월 19일자
37) 찰스F. 키틀링
38) 이충헌, 박형일 〈체중계는 잊어라. 이제 라인이다〉 해피스토리 2012, P6쪽
39) 대한비만학회
40) 최원교 〈비만클리닉〉 한국학술정보, 2008
41) 공무원연금지 2007년 2월호
42) 한국태권도문화연구원 월간자료집 2008-2
43) 한국태권도문화연구원 월간자료집 2010-2

잃어버린 자신감과 건강을 되찾고 싶은 40대에게
40대, 다시 건강에 미쳐라

1판 1쇄 발행 2014년 7월 10일
지은이 최원교 **펴낸곳** 북씽크 **펴낸이** 최석원
주 소 서울시 성동구 행당동 192-29 성동샤르망 1019호 **전 화** 070-7808-5465
등록번호 제206-86-53244 **ISBN** 978-89-97827-50-3 **이메일** bookthink2@naver.com
Copyright ⓒ 2014 최원교

* 잘못된 책은 구입처에서 교환해 드립니다
* 북아띠는 주식회사 북씽크의 임프린트입니다.